3days in
Kanazawa

가나자와

RHK
알에이치코리아

CONTENTS

- 008 가나자와는 이런 도시
- 009 알아두면 쓸모 있는 가나자와 상식
- 010 가나자와의 전통 공예와 음식
- 012 가나자와 언제 가면 좋을까?
- 013 가나자와로 가는 방법
- 014 가나자와 대중교통
- 017 알아두면 득이 되는 교통패스
- 018 기초 일본어

DAY ONE
가나자와 역사 산책

- 020 오늘의 루트맵
- 022 가나자와 여행의 시작과 끝
- 024 인기 베이커리에서 가벼운 아침
- 026 **SPECIAL**
  호텔에서 즐기는 화려한 아침
- 028 옛 정취를 느끼며 걷는 골목길 산책
- 030 아름다운 풍경을 즐기며 걷는 강변 산책로
- 032 100년의 역사를 자랑하는 양식 레스토랑
- 034 에도시대의 풍경을 만끽하는 과거 여행
- 036 **SPECIAL**
  히가시차야가이의 특별한 볼거리&맛집
- 040 독특한 금은박공예를 체험할 수 있는 공방
- 042 마음을 비우고 걷는 명상 산책로
- 044 **SPECIAL**
  고코로노미치 미니 코스 정복하기
- 046 가나자와역 쇼핑 명소 1
- 048 가나자와역 쇼핑 명소 2
- 050 가나자와역 주변 줄서는 맛집
- 054 현지인처럼 즐기는 이자카야
- 056 |COLUMN| 가나자와의 요정 문화

DAY TWO
가나자와 문화 산책

- 058 오늘의 루트맵
- 060 황제의 아침 밥상, 카이센동
- 062 280년의 역사를 자랑하는 가나자와의 부엌
- 064 **SPECIAL**
  오미초 시장 간식 열전
- 066 네덜란드 풍의 일본 신사 탐방
- 067 귀여운 동네 빵집에서 간식 삼매경
- 068 역사의 흔적과 꽃향기가 어우러지는 공원 산책
- 072 산책 도중 즐기는 여유로운 휴식
- 074 가나자와의 인생 맛집
- 076 개성 넘치는 가나자와 최고의 문화 명소
- 080 **SPECIAL**
  가나자와 문화 산책
- 084 커피 한 잔과 달콤한 케이크 한 조각의 사치
- 088 18세기 일본 건축의 섬세한 기교를 엿보다
- 090 에도시대 정원을 걷는 즐거움
- 092 가나자와 명물 노도구로 맛보기
- 094 |COLUMN| 가나자와 인기 선물

DAY THREE

가나자와 거리 산책

- 96 오늘의 루트맵
- 98 분위기 좋은 카페에서 품격 있는 아침
- 100 에도시대로 떠나는 과거 여행
- 102 **SPECIAL**
  무사 저택지의 인기 볼거리
- 104 예쁜 상점 거리에서 여유로운 산책
- 105 가나자와 명물 카레를 맛보다
- 106 **SPECIAL**
  가나자와 카레의 매력에 풍덩
- 108 쇼핑몰로 가득한 가나자와 최고의 번화가
- 110 젊음을 만끽할 수 있는 쇼핑 거리
- 112 전통 일본 디저트의 진수
- 114 재미있는 함정과 트릭을 구경하는 절
- 115 역사 깊은 사원 골목 느긋하게 둘러보기
- 116 가나자와 3대 찻집 거리
- 117 가나자와에서 가장 유명한 라멘 체인
- 118 낮보다 밤이 화려한 쇼핑 거리
- 120 **COLUMN** | 윤봉길 의사 암장지

DAY PLUS

여유 있게 하루 더!

- 122 다카야마
- 124 다카야마 인기 명소 둘러보기
- 130 다카야마의 명물 맛집
- 134 시라카와고
- 136 시라카와고 인기 명소 둘러보기
- 140 시라카와고의 명물 맛집
- 142 야마나카 온천
- 144 야마나카 온천 인기 명소 둘러보기
- 146 야마나카 온천의 명물 맛집

- 148 직접 묵어본 가나자와 추천 호텔
- 150 가나자와 주유버스 노선도

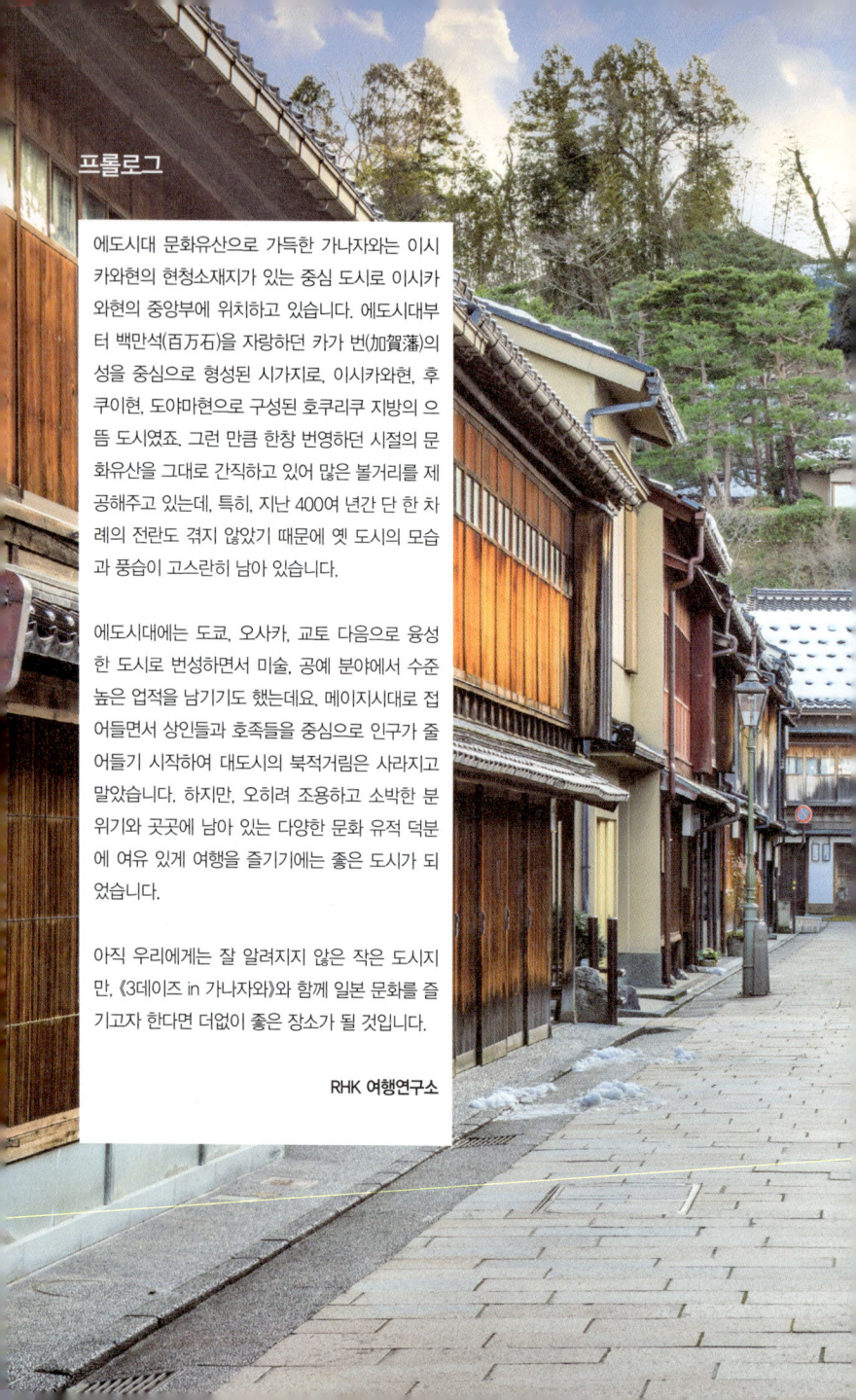

프롤로그

에도시대 문화유산으로 가득한 가나자와는 이시카와현의 현청소재지가 있는 중심 도시로 이시카와현의 중앙부에 위치하고 있습니다. 에도시대부터 백만석(百万石)을 자랑하던 카가 번(加賀藩)의 성을 중심으로 형성된 시가지로, 이시카와현, 후쿠이현, 도야마현으로 구성된 호쿠리쿠 지방의 으뜸 도시였죠. 그런 만큼 한창 번영하던 시절의 문화유산을 그대로 간직하고 있어 많은 볼거리를 제공해주고 있는데, 특히, 지난 400여 년간 단 한 차례의 전란도 겪지 않았기 때문에 옛 도시의 모습과 풍습이 고스란히 남아 있습니다.

에도시대에는 도쿄, 오사카, 교토 다음으로 융성한 도시로 번성하면서 미술, 공예 분야에서 수준 높은 업적을 남기기도 했는데요. 메이지시대로 접어들면서 상인들과 호족들을 중심으로 인구가 줄어들기 시작하여 대도시의 북적거림은 사라지고 말았습니다. 하지만, 오히려 조용하고 소박한 분위기와 곳곳에 남아 있는 다양한 문화 유적 덕분에 여유 있게 여행을 즐기기에는 좋은 도시가 되었습니다.

아직 우리에게는 잘 알려지지 않은 작은 도시지만, 《3데이즈 in 가나자와》와 함께 일본 문화를 즐기고자 한다면 더없이 좋은 장소가 될 것입니다.

RHK 여행연구소

1
가나자와는 이런 도시

마에다 가문과 함께해온 화려한 문화와 역사의 도시

에도시대가 될 때까지 가나자와는 화려함이라는 말과는 거리가 먼 지역이었는데, 그러던 곳이 '카가 백만석(加賀百万石)'이라 불리는 전성기를 만들어낼 수 있었던 것은 마에다 도시이에(前田 利家)부터 시작하는 당시 지방 영주의 활약 덕분이었다. 즉, 가나자와는 카가 번의 번영과 함께 성장해왔고 관광지로서의 매력도 그들과 함께 꽃피운 것이다. 마에다 가문은 당시 중앙 정권을 쥐고 있었던 도쿠가와 막부와도 견줄 만큼 대 다이묘로 인정받고 있었다. 그리고 엄청난 양의 쌀 수확으로 얻은 막대한 재력을 문화와 학문을 장려하는 데 사용했다. 그래서 가나자와 금박, 카가유젠 등의 전통 공예와 카가 요리, 화과자 등의 전통 음식과 같은 다양한 문화를 만들 수 있었다.

* 이 책의 정보는 2017년 8월까지 취재·조사한 자료를 바탕으로 합니다. 일본어 표기는 현지 발음을 우선으로 하였으며 고유명사처럼 통용되는 일부 단어는 외래어 표기법에 따랐습니다.

2
알아두면 쓸모 있는 가나자와 상식

언어

공용어는 당연히 일본어. 다만, 도시 규모가 작은 가나자와는 호텔을 제외하고 영어가 통하는 곳이 많지 않으므로 기본적인 일본어는 숙지하는 것이 좋다.

우산

가나자와는 연중 강수량이 일본 내에서 상위에 랭크될 정도로 많은 편. 비가 자주 오기 때문에 3단 우산 하나는 챙기는 것이 좋다. 가나자와의 뜨거운 여름 햇살을 막아주는 역할도 한다.

교통

지하철과 노면진사가 없는 가나자와의 대표적인 교통수단은 노선버스. 호쿠리쿠 철도 그룹에서 운영하는 노선버스는 고마츠공항과 가나자와역을 연결하는 버스를 비롯해서 가나자와시 중심부를 운행하고 있다. 특히, 여행자들에게는 주요 관광지를 15분 간격으로 순회하는 관광버스인 가나자와 주유버스(金沢周遊バス)가 편하다.

화폐

일본의 통화는 엔(JPY). 상점과 음식점에서는 가격에 소비세(8%) 미포함 가격(税抜き)을 표기해 놓은 곳이 있으니 미리 확인해야 계산 시 당황하는 일이 없다. 또한, 우리나라와 달리 어디서든 신용카드를 사용할 수 있는 것은 아니다. 간혹 해외 결제용 카드 비밀번호를 눌러야 하는 곳도 있으니 출국 전 확인이 필요하다.

숫자로 보는 가나자와

비행 시간 — 약 **1**시간 **40**분
인천공항과 고마츠공항 직항 기준

인구 — **465.856**명
제주시 인구와 거의 비슷한 수준

면적 — **468.64** km²
서울시 면적의 약 2/3

전압 — **110** V
전용 어댑터인 돼지코 필수

관광객 — 연 **800**만 명
일본 국내 관광객이 대다수

3
가나자와의 전통 공예와 음식

일본 금박의 요람, 가나자와 금박 공예

금박이란 금이나 금빛 나는 물건을 두드리거나 압연하여 종이처럼 아주 얇게 만든 것인데, 가나자와의 금박은 금에 소량의 은과 구리를 섞어 만든 것이 특징이다.

가나자와에서는 16세기 말부터 금박의 제조가 시작되었고, 마에다 가문에서 적극적으로 장려하여 많은 장인들이 금박 공예 부문에서 활약을 했다. 그러나 에도 막부가 금박 제조를 에도와 교토 등으로 제한했기 때문에, 가나자와에서 공식적으로 금박 공예가 부활한 것은 19세기 후반부터이다. 가나자와 금박이 유명한 이유는 일반 금박보다 월등히 얇은 두께 덕분. 압연기로 얇게 편 후에 특수한 종이에 끼워 장인의 손길로 끊임없이 두드려 0.0002mm까지 늘린 가나자와 금박은 타의 추종을 불허한다. 현재 일본에서 생산하는 금박의 99%가 가나자와에서 만든 것일 정도로, 가나자와 금박은 일본에서 독보적인 존재로 인정받고 있다.

아름답고 화려한 염색 기법, 카가유젠

유젠이란 기모노용 견직물을 전통 공법으로 염색하는 기법이다. 카가유젠(加賀友禅)은 카가 지방의 전통적인 카가염이라는 염색 기술에 에도시대의 미야자키 유젠사이의 기법이 합쳐져 화려하고 우아한 염색 기법으로 발전한 것이다. 카가유젠은 기본적으로 적색, 암청색, 황토색, 녹색, 흑색의 다섯 가지 색상을 이용하는데, 사실적인 도안에 풀을 붙이고, 그 풀로 둘러싸인 곳에 색을 넣고, 다시 찌고, 풀을 떼어내는 등 엄청나게 복잡한 과정을 거쳐 완성한다. 이처럼 만드는 사람의 노력과 수고가 그대로 드러나는 카가유젠 염색이 들어간 기모노는 최상급 브랜드로 판매된다.

재료의 맛을 극대화한 전통 요리의 진수, 카가요리

가나자와는 산과 바다 그리고 평야에 둘러싸여 있는 천혜의 자연 환경 덕분에 예부터 맛있는 식재료가 많았다. 카가 평야에서 생산되는 최고급 쌀과 야채, 산과 바다의 진미를 이용한 카가요리는 에도시대의 요정 문화와 함께 가나자와의 대표적인 요리로 자리 잡았다. 지금도 시내 곳곳에는 옛 모습을 보전하고 있는 매력적인 고급 요정이 있어 카가 요리를 맛볼 수 있다. 특히, 가나자와 21세기미술관 옆에 있는 전통 요정 가나자와 세키테이(かなざわ石亭)에 가면 이러한 카가요리의 진수를 맛볼 수 있다. 아름다운 정원을 바라보며 즐기는 맛깔스러운 음식들. 가격은 비싸지만 한 번쯤은 호사를 누려볼 가치가 있는 요리이다.

일본 3대 과자 생산지, 가나자와 화과자

가나자와는 교토, 마츠에와 함께 일본 3대 과자 생산지로 꼽히고 있는 곳. 화과자는 원래 궁중에서 신에게 바치는 음식으로 사용하던 고급 간식으로 왕족이나 일부 귀족들만 그 맛을 누릴 특권을 가지고 있었다. 그런데, 가나자와에서는 에도시대부터 마에다 가문의 영향으로 다도 문화가 장려되어, 차와 함께 먹을 수 있는 화과자 산업도 같이 발달했다.

화과자는 첫 맛은 눈으로, 끝 맛은 혀로 즐긴다는 말이 있을 만큼 아름다운 모양으로 만드는 경우가 많다. 특히, 가나자와 화과자는 예술작품처럼 정교한 작업으로 만드는 공예 과자 분야로 명성을 떨치는 곳도 있어 입맛뿐만 아니라 시각적인 매력으로 사람들을 사로잡는다. JR 가나자와역에 있는 쇼핑몰 가나자와 햐쿠반가이 안토(あんと)에 가면 수백 년 전부터 전해 내려오는 전통 화과자와 최신 트렌드를 반영한 다양한 과자를 판매하는 상점이 많이 있다. 워낙 예쁜 과자들이 많아 선물용으로 인기가 높다.

4
가나자와 언제 가면 좋을까?

4월 추천

낮에는 20도 가까이 기온이 올라가지만 아침, 저녁으로는 제법 쌀쌀한 날씨. 얇은 점퍼나 카디건 등 입기 편한 옷을 준비하는 것이 좋다. 4월 초순부터 겐로쿠엔과 가나자와성 공원을 비롯한 시내 각지에서 아름다운 벚꽃을 즐길 수 있다.

8월 추천

우리나라의 여름보다 더 무더운 날씨. 땀이 빨리 마르는 기능성 셔츠를 준비하는 것이 좋다. 의외로 1년 중 8월 강수량이 제일 적기 때문에 더위만 잘 참을 수 있다면 맑은 하늘을 바라보며 여행을 즐길 수 있다.

10월 추천

평균 17도 전후의 쾌적한 기온, 맑은 날씨. 짧은 기간이지만 즐거운 여행을 위한 최적의 조건을 갖추고 있는 계절이다. 다만, 단풍 시즌이라 일본 내에서도 관광객이 가장 많이 몰리는 시기이기도 하다.

1월 추천

우리나라의 초겨울 수준의 평균 기온이라 두툼한 니트와 패딩 점퍼만 있으면 문제없다. 11월부터 급격히 강수량이 많아지고 폭설이 내리는 경우도 있어 눈 구경은 원 없이 하고 올 수 있다. 특히, 겨울의 시라카와고는 강추.

5
가나자와로 가는 방법

우리나라에서 가나자와까지는 가나자와 시내에서 가장 가까운 국제공항인 고마츠공항으로 가는 것이 편리하다. 대한항공에서 수·금·일요일, 주 3회 인천국제공항과 고마츠공항 사이를 운항하고 있다. 조금 저렴하게 가고 싶다면 에어서울을 이용해서 도야마공항으로 들어가면 된다. 월·수·토요일, 주 3회 운항을 하는데, 정해진 운항 기간이 있으므로 미리 확인을 해야 한다.

고마츠공항에서 가나자와 시내로

리무진버스를 이용하면 가나자와 시내까지 편하게 이동할 수 있다. 공항에서 나와 왼쪽으로 조금만 가면 버스 티켓을 구입할 수 있는 자동판매기가 있다. 기니자와역까지 요금은 1,130엔이고 1번 승강장에서 타면 된다.

리무진버스

티켓 자동판매기

고마츠공항 → 리무진버스(40분, 1,130엔) → 가나자와역

도야마공항에서 가나자와 시내로

도야마공항에서 가나자와까지 한 번에 가는 대중교통편은 없다. 먼저 도야마역까지 버스를 타고 이동한 후 가나자와역으로 가는 JR 철도를 이용하면 된다. 신칸센을 이용하면 가나자와역까지 30분이면 가지만 편도 3,330엔으로 좀 비싸다.

도야마공항 → 리무진버스(25분, 410엔) → 도야마역 → JR 철도(1시간, 1,220엔) → 가나자와역

6
가나자와 대중교통

가나자와는 지하철과 노면전차 등이 없어 가장 일반적인 교통수단이 버스이다.
대부분 호쿠리쿠 철도 그룹에서 운영하고 있는데, 고마츠공항과 가나자와역을 연결하는 리무진버스를 시작으로
다양한 노선버스가 가나자와시 중심부를 운행하고 있다. 특히, 주요 관광지를 중심으로 순회하는
가나자와 주유버스(金沢周遊バス)가 15분 간격으로 운행하고 있어 관광객들이
편리하게 이용할 수 있다. 그밖에 가나자와시에서 운영하는 가나자와 후랏토버스(金沢ふらっとバス)도
일반 노선버스로 가기 힘든 곳을 연결하고 있어 색다른 여행을 즐기고 싶은 여행자들에게 호응을 얻고 있다.

노선버스

가나자와 시내를 망라하는 일반 버스. 보통 가나자와역에서 시내 중심부인 고린보, 가타마치 사이를 이동할 때나 주유버스와 후랏토버스로는 갈 수 없는 교외 명소를 갈 때 이용한다. 노선도는 가나자와역에 있는 안내소에서 얻을 수 있다. 1회 승차는 200엔. 거리에 따라 요금이 늘어나는 시스템이다.

가나자와 주유버스 金沢周遊バス

가나자와역 동쪽 출구 7번 정류장에서 출발해서 히가시차야가이, 겐로쿠엔, 고린보, 오미초 시장 등 인기 명소들을 잇는 관광버스. 오전 8시 30분에서 오후 6시까지 15분 간격으로 운행한다. 왼쪽(반시계 방향)으로 순회하는 녹색 버스와 오른쪽(시계 방향)으로 순회하는 붉은색 버스가 있으므로 가고자하는 명소와 노선을 확인해보고 이용하는 게 좋다. 요금은 1회 승차 200엔. 1일 프리승차권으로 이용할 수 있다.

주유버스 노선

히다리마와리 루트 左回りルート / Letf Loop
가나자와역 동쪽 출구 7번 버스정류장 → 무사시가츠지·오미초이치바 → 미나미초·오야마진자 → 고린보 → 가타마치 → 히로코지 → 사쿠라바시 → 혼다마치 → 히로사카·21세기 미술관 → 겐로쿠엔시타·가나자와조 → 하시바초 → 히가시야마 산초메 → 고바시마치 → 메이세이쇼가코마에 → 가나자와역 동쪽 출구

미기마와리 루트 右回りルート / Right Loop
가나자와역 동쪽 출구 7번 버스정류장 → 메이세이쇼가코마에 → 고바시마치 → 모리야마 잇초메 → 하시바초(히가시·가즈에마치차야가이) → 하시바초(킨조로마에) → 겐로쿠엔마치 → 겐로쿠엔시타·가나자와조 → 히로사카·21세기 미술관 → 혼다마치 → 사쿠라바시 → 히로코지 → 가타마치 → 고린보 → 미나미초·오야마진자 → 무사시가츠지·오미초이치바 → 가나자와역 동쪽 출구

겐로쿠엔 셔틀 兼六園シャトル

가나자와역 동쪽 출구 13번 버스정류장에서 출발해서 겐로쿠엔과 가나자와성 공원, 21세기 미술관 주변을 한 바퀴 돌고 다시 가나자와역으로 돌아오는 셔틀버스. 가나자와 주유버스와 대부분 같은 구간을 공유하는데, 세이손카쿠와 이시카와 현립미술관 앞을 지나는 구간은 독자적으로 운행한다. 요금은 1회 승차 200엔. 1일 프리승차권으로 이용할 수 있다.

TIP 호쿠테츠 1일 프리승차권 北鉄1日フリー乗車券

가나자와 주유버스, 겐로쿠엔 셔틀, 노선버스를 하루 동안 무제한 탑승할 수 있는 교통패스. 1회 승차가 200엔이므  로 3번 이상 버스를 이용할 계획이라면 무조건 구입하도록 하자. 패스를 제시하면 주요 명소의 입장권 할인도 받을 수 있다. 할인 대상 명소 목록은 패스를 구입할 때 받는 팸플릿에 나와 있다. 요금은 500엔. 가나자와역 동쪽 출구 앞에 있는 교통안내소(버스티켓 창구)에서 구입할 수 있다.

*정기관광버스, 고속버스, 가나자와 후랏토버스, JR 버스, 마치버스는 탑승 불가

가나자와 후랏토버스 金沢ふらっとバス

노선버스와 관광버스가 지나지 않는 가나자와 골목길을 지나는 관광버스. 4개의 노선이 있으며, 주요 지점에서 다른 노선으로 갈아탈 수 있다. 오전 8시 30분부터 오후 6시까지 15분 간격으로 운행한다. 요금은 1회 승차 100엔.

마치버스 まちバス

토 · 일 · 휴일에만 운행하는 100엔 버스. JR 가나자와역에서 출발해서 오미초 시장, 고린보, 가타마치, 가나자와 21세기 미술관, 겐로쿠엔을 지나 다시 역으로 돌아

오는 코스로, 요금이 저렴한 만큼 이용 구간은 한정되어 있다. JR에서 운영하는 버스라 호쿠테츠 1일 프리승차권으로는 이용할 수 없다.

택시

가나자와역이나 고린보, 겐로쿠엔 등 주요 지역에는 대기하고 있는 택시들이 많고, 거리에서도 어렵지 않게 택시를 잡을 수 있다. 가나자와의 주요 관광지는 3~4km 이내의 시가지에 집중되어 있기 때문에 다른 도시에 비해 택시 요금이 크게 부담되는 수준은 아니다.

주요 관광지 소요시간 및 요금

출발	도착	소요시간	요금
가나자와역	오미초 시장	5분	690엔
	겐로쿠엔	13분	1,250엔
	21세기 미술관	12분	1,170엔
	히가시차야가이	10분	1,090엔
	나가마치 무사 저택지	8분	850엔

※ 상기 요금은 택시회사 및 도로 사정에 따라 바뀔 수 있습니다.

7
알아두면 득이 되는 교통패스

쇼류도 프리버스킷푸 昇龍道フリーパスきっぷ

다카야마 · 시라카와고 · 가나자와 코스 3일권

일명 쇼류도패스라 부르는, 일본 중부 지역을 여행할 때 유용한 교통패스다. 가나자와, 도야마, 시라카와고, 다카야마, 나고야 각 도시 간 고속버스를 무제한 탈 수 있고, 고마츠공항에서 가나자와로 들어가는 버스도 이용할 수 있다. 가나자와에만 머문다면 전혀 필요가 없지만, 주변 도시와 연계해서 여행을 할 계획이라면 구입을 생각해볼 만하다. 아래 표의 노선별 통상 요금을 보고 내 일정에 이득이 되는 패스인지 꼼꼼하게 따져보자.

구입 재패니칸 등 국내 일본전문 여행사를 통해 예약하고, 메일로 받은 바우처를 출력한 후 일본 현지에서 교환하면 된다. 요금 3일권 7500엔 교환 고마츠공항, 도야마공항, 호쿠테츠에키마에센터 등 홈피 www.meitetsu.co.jp

다카야마 · 시라카와고 · 가나자와 코스 3일권으로 이용할 수 있는 구간

	노선	소요시간	통상 요금	운행회사
무제한 이용	나고야~다카야마	2시간 40분	편도 2980엔 왕복 5140엔	메이테츠버스 노히버스 JR 도카이버스
	나고야~시라카와고	2시간 50분	편도 3900엔 왕복 7000엔	기후버스
	기후~다카야마	2시간	편도 2570엔 왕복 4630엔	노히버스 기후버스
	가나자와~시라카와고	1시간 30분	편도 1850엔 왕복 3290엔	노히버스 호쿠테츠버스
	가나자와~다카야마	2시간 15분	편도 3390엔 왕복 6070엔	
	다카야마~시라카와고	50분	편도 2470엔 왕복 4420엔	
	가나자와~도야마	1시간	편도 930엔	호쿠테츠 도야마지방철도
편도 이용	나고야~주부국제공항	40분(열차)	편도 870엔	메이테츠
	나고야~주부국제공항	1시간	편도 1200엔	메이테츠버스
	기후~주부국제공항	65분(열차)	편도 1340엔	메이테츠
	가나자와~고마츠공항	40분	편도 1130엔	호쿠테츠
	도야마~도야마공항	25분	편도 410엔	도야마지방철도

8
기초 일본어

여행 전에 간단한 일본어를 알아보자. 몇 가지 일본어만으로는 자연스러운 의사소통이야 당연히 불가능하겠지만 식당, 상점 등에서 기본적인 인사를 건네는 것만으로도 여행이 한층 더 즐거워질 것이다.

인사

おはようございます
오하요고자이마스
아침 인사

こんにちは
콘니치와
점심 인사

こんばんは
콤방와
저녁 인사

お願いします
오네가이시마스
부탁드립니다

ありがとうございます
아리가또고자이마스
감사합니다

本当にありがとうございます
혼또니 아리가또고자이마스
정말 감사합니다

すみません
스미마셍
죄송합니다, 실례합니다

さようなら
사요나라
안녕히 계세요

はい 하이 예
いいえ 이이에 아니오

화장실

トイレ・お手洗い
토이레·오테아라이
화장실

トイレはどこですか
토이레와 도코데스까
화장실이 어디 있나요?

トイレを借りてもいいですか
토이레오 카리떼모 이이데스까
화장실 좀 써도 괜찮나요?

상점

福袋 후쿠부쿠로
럭키 박스(보통 연초에 상점에서 판매)

期間限定 키캉겐테
기간 한정

セール 세에루
세일

税抜き 제에누키
소비세 미포함

税込み 제에코미
소비세 포함

식사

いただきます
이타다키마스
잘 먹겠습니다

ごちそうさまです
고치소사마데스
잘 먹었습니다

美味しい
오이시이
맛있어

乾杯
캄빠이
건배

韓国語のメニューありますか
캉코쿠고노 메뉴 아리마스까
한국어 메뉴판 있나요?

お勘定お願いします
오칸죠 오네가이시마스
계산 부탁드려요

유용한 표현

いくらですか
이쿠라데스까
얼마인가요?

レシートください
레시토 쿠다사이
영수증 주세요

これください
코레 쿠다사이
이거 주세요

DAY ONE

09:00

가나자와 여행의 **시작과 끝**

JR 가나자와역
JR 金沢駅

📍 JR 가나자와역
🏠 石川県金沢市木ノ新保町1-1
📞 076-261-1717

오사카, 도쿄, 나고야 등 주요 지역과 연결하는 호쿠리쿠 지역 최대의 터미널이자 가나자와 교통의 중심지. 호쿠리쿠 신칸센이 개통하면서 주변 지역까지 깔끔하게 정비하여, 단순한 역 건물이 아닌 가나자와를 대표하는 하나의 명소로 자리 잡고 있다. 특히, 역 앞 광장에 있는 모테나시돔(もてなしドーム)과 츠즈미몬(鼓門)은 빼놓지 말아야 할 볼거리. 모테나시돔은 눈과 비가 많이 오는 가나자와에서 '역에서 내리는 사람에게 우산을 건네는, 배려하는 마음'을 표현한 돔 광장으로, 무려 3,000장이 넘는 유리를 사용하여 만들었다. 그리고 츠즈미몬은 일본의 전통 예능인 노가쿠에서 쓰는 북을 본떠 만든 두 개의 기둥에 완만한 곡선미를 연출한 지붕을 걸친 문으로, 전통과 혁신이 공존하는 거리, 가나자와를 상징하고 있다. 또한, 역 주변에는 대형 쇼핑몰 가나자와 포러스와 가나자와 햐쿠반가이가 있어 활기찬 번화가의 풍경을 만끽할 수 있다.

츠즈미몬

① 우산을 이미지해서 만든 모테나시돔
② 역 주변의 재미있는 조각품
③ 역 동쪽 출구 옆에 있는 관광안내소
④ 역 앞 광장의 명물 분수 시계

DAY ONE
09:30
인기 베이커리에서 **가벼운 아침**

저먼 베이커리
ジャーマンベーカリー

가나자와 하쿠반가이 린토에 있는 명물 베이커리. 남녀노소 호불호 없는 달달한 빵이 한 가득이라 골라먹는 재미가 있다. 그중에서도 꼭 먹어봐야 하는 빵은 시오빵(塩パン, 1개 100엔, 3개 280엔). 짭짤한 소금이 버터의 풍미와 절묘하게 어우러진 맛이다. 샌드위치도 기본 이상이고, 커피도 저렴하고 맛있어서 간단한 아침 식사를 하기에도 그만. 가타마치 상점가에 지점이 있다.

- JR 가나자와역 하쿠반가이 린토
- 石川県金沢市木ノ新保町1-1
- 07:00~20:00 / 연중무휴
- 076-260-3795

① 저먼 베이커리 인기 넘버원 '시오빵'
② 맛있기로 유명한 홋카이도산 멜론으로 만든 '메론빵'
③ 멜론과 수박의 절묘한 조화 '스이카메론빵'

돈큐
DONQ

JR 가나자와역 서쪽 출구 바로 옆에 있는 베이커리. 흔히 볼 수 있는 동네 빵집 분위기지만, 기본에 충실한 빵들이 많고 입지가 좋아서 주변 지역으로 여행을 떠날 때 간식거리를 사기에 용이하다. 특히, 나고야의 아침으로 유명한 토스트 세트(トーストセット, 432엔)가 있어서 가볍게 아침 식사를 즐길 수 있는 점이 매력. 식빵 자체가 맛있기 때문에 그냥 먹어도 되는데, 버터와 잼을 바르면 맛이 배가 된다. 음료는 커피와 홍차 중에서 선택하면 된다.

토스트 세트는 가벼운 아침으로 안성맞춤

- JR 가나자와역 구내
- 石川県金沢市木ノ新保町1-1
- 07:00~19:00 / 연중무휴
- 076-235-2161

빵 가격은 100~200엔 대로 저렴한 편이다

SPECIAL

호텔에서 즐기는 화려한 아침

깔끔하고 맛있기로 유명한 일본 비즈니스호텔의 조식 뷔페. 원래는 숙박객이 호텔을 예약하면서 옵션으로 넣는 것이 일반적인데, 사실은 숙박을 하지 않고도 이용할 수 있다. 일반 음식점보다는 비싼 편이지만, 아침 일찍부터 시작하고 푸짐하게 먹을 수 있다는 매력이 있어 한 번쯤은 이용해볼 만하다. 단, 호텔 조식 뷔페는 계절에 따라 메뉴 및 가격이 바뀔 수 있으니 미리 홈페이지를 통해 확인해보자.

워낙 전경이 좋아
커피 한 잔도
우아하게 마실 수 있다

ANA 홀리데이인 가나자와 스카이
ANAホリデイイン金沢スカイ

켄로쿠 KENROKU

가나자와에서 전망이 가장 뛰어난 조식 뷔페 레스토랑. 16층에 있어 시내 전망을 즐기며 식사를 할 수 있다. 대부분의 메뉴가 정갈하고 맛있어서 어떤 것을 먹어도 실패가 없다. 특히, 다른 호텔 조식 뷔페에서 보기 힘든 신선한 회는 켄로쿠만의 장점. 적절하게 숙성시킨 회는 그냥 먹어도 맛있고 밥 위에 올려 회덮밥으로 만들어 먹어도 좋다. 커피가 맛있으니 식사를 마친 후 디저트와 함께 꼭 한 잔 마셔볼 것. 1인 요금 2376엔.

- JR 가나자와역 동쪽 출구에서 도보 12분
- 石川県金沢市武蔵町15-1
- 6:30~10:30
- 076-233-2233
- www.anahikanazawasky.com

① 고급 일식집과 비교할 만한 수준 높은 생선회
② 여러 종류의 빵이 있는데 모두 일류 베이커리의 맛

호텔 트러스티 가나자와 고린보
ホテルトラスティ金沢香林坊

파시노 FASCINO

유럽 카페를 연상시키는 분위기의 깔끔한 레스토랑. 토스트, 샐러드, 베이컨, 소시지, 오믈렛과 같은 기본적인 조식 메뉴는 물론 생선구이, 편육, 어묵, 치라시스시 등 일품요리도 수준급이다. 다만, 일식 반찬 종류는 우리나라 여행자의 입에 맞지 않을 수도 있으니 주의하자. 가나자와 최고의 번화가 고린보에 있어 아침을 먹고 주변 인기 여행지인 21세기 미술관이나 겐로쿠엔으로 이동하기에 편리하다. 1인 요금 1944엔.

① 달콤한 맛이 나는 가나자와 명물 새우가 들어간 치라시스시
② 입에서 살살 녹는 프렌치 토스트

📍 가나자와 주유버스 고린보 정류장에서 도보 1분
🏠 石川県金沢市香林坊1-2-16
🕐 07:00~10:00
📞 076-203-8111
🔗 https://ct.rion.mobi/trusty.kanazawa

도미인 가나자와
ドーミイン金沢

1층 레스토랑

일반적인 비즈니스호텔 조식 뷔페의 전형적인 레스토랑. 생선, 어묵, 밥, 국 등 일식 정찬이 괜찮은 편이다. 빵, 소시지, 계란, 햄 등 기본적인 조식 메뉴도 맛있는데, 특히, 식빵이 맛있으니 꼭 맛볼 것. 토스트기에 살짝 구워 버터를 바르면 나고야의 명물 오구라 토스트 못지않은 맛을 즐길 수 있다. 가나자와 명물 카레도 추천. 1인 요금 1700엔.

📍 JR 가나자와역 동쪽 출구에서 도보 2분
🏠 石川県金沢市堀川新町2-25
🕐 06:30~10:00
📞 076-263-9888
🔗 www.hotespa.net/hotels/kanazawa

주문하면 즉석에서 바로 맛있는 오믈렛을 만들어준다

DAY ONE

08:30

옛 정취를 느끼며 걷는 골목길 산책

가즈에마치
主計町

히가시차야가이, 니시차야가이와 함께 가나자와를 대표하는 3대 찻집 거리. 아름다운 아사노가와(浅野川)에 접해 있어 멋진 풍경을 즐기며 산책을 할 수 있다. 히가시차야가이에 비해 규모는 작지만, 좁은 골목길 사이로 들어가면 옛 정취를 느낄 수 있는 유곽들과 찻집들을 구경할 수 있다. 본격적으로 히가시차야가이를 둘러보기 전에 워밍업을 해두는 곳으로 안성맞춤. 현재 국가의 중요전통건조물보존지구로 지정되어 있다.

- 가나자와 주유버스 하시바초(히가시 · 가즈에마치차야가이) 정류장에서 도보 1분
- 石川県金沢市主計町
- 076-232-5555(가나자와시 관광협회)

길을 걷다보면 기모노를 입은
아리따운 여성들도 만나볼 수 있다.

일본에 52년 동안 살면서 판화 작품을 남긴 핀란드계 미국인 작가 클립튼 카후(Clifton Karhu)가 살았던 집. 지금은 그의 작품을 전시하는 갤러리로 운영하고 있다.

안쪽 골목길로 들어가면 두 사람이
지나가기에도 좁은 길이 이어진다.

DAY ONE
00:20
아름다운 풍경을 즐기며 걷는 **강변 산책로**

아사노가와
浅野川

히가시차야가이 옆으로 흐르는 아름다운 강 아사노가와는 가나자와를 대표하는 산책로로 많은 시민들의 사랑을 받는 곳이다. 특히, 3단 아치형의 다리가 매력적인 아사노가와오하시(浅野川大橋)는 역사적인 가치가 높은 건조물로 2000년 12월 20일에 유형문화재로 등록되었는데, 주변의 아름다운 풍경 덕분에 각종 문학작품과 영화, 드라마 등의 배경으로 많이 사용되기도 했다. 다리를 기준으로 좌우에 신축 빌딩과 에도 시대의 목조 건축물들이 함께 늘어서 있는데, 전혀 어울리지 않는 신·구 건축물이 묘한 조화를 이루며, 한편으로는 재미있는 풍경을 보여준다.

- 가나자와 주유버스 하시바초(히가시·가즈에마치차야가이) 정류장에서 바로
- 石川県金沢市橋場町
- 076-232-5555(가나자와시 관광협회)

아사노가와는 주로 지역 주민들이 산책로로 이용하고 있다.

아사노가와의 대표적인 다리, 아사노가와오하시

아사노가와에서 바라본 가즈에마치의 풍경

DAY ONE 02:00

100년의 역사를 자랑하는 **양식 레스토랑**

레스토랑 지유켄
レストラン自由軒

1909년에 창업하여 100년도 넘게 히가시차야 거리의 맛집으로 당당하게 서 있는 양식 레스토랑. 20세기 초반에 지은 듯한 예스러운 건물에 붙어 있는 '自由軒'이라는 간판이 왠지 모를 믿음을 준다. 메뉴판 또한 다른 음식점과 비교의 대상. 재미있는 삽화에 정겨운 설명을 곁들여 즐겁게 음식을 고를 수 있도록 배려한 것이 특징이다. 지유켄 최고의 인기 메뉴는 플레이트 세트(プレートセット, 1085엔). 독특한 맛의 오므라이스와 크로켓, 샐러드가 은빛 플레이트에 푸짐하게 담겨 나온다. 육즙이 살아있는 등심구이를 얹은 비프테키동(ビフテキ丼, 1545엔)도 별미.

- 가나자와 주유버스 하시바초(히가시・가즈에마치차야가이) 정류장에서 도보 3분
- 石川県金沢市東山1-6-6
- 11:30~15:00, 16:30~21:30 / 화요일, 셋째 월요일 휴무
- 076-252-1996

전통과 역사를 자랑하는 지유켄 건물

뺑 둘린 주방에서 요리하는 모습을 보면서 기다리면 된다.

간장소스로 양념을 한 독특한 오므라이스와 입에서 살살 녹는 크림 크로켓, 샐러드가 어우러진 플레이트 세트.

불맛이 살짝 풍기는 비프테키동. 육즙이 많은 등심구이와 채소, 밥의 조화가 일품이다.

DAY ONE
03:00
에도시대의 풍경을 만끽하는 **과거 여행**

히가시차야가이
ひがし茶屋街

📍 가나자와 주유버스 하시바초(히가시·가즈에마치차야가이) 정류장에서 도보 3분
🏠 石川県金沢市東山1
📞 076-232-5555(가나자와시 관광협회)

에도시대 게이샤들이 손님을 맞던 고급 요정 거리. 옛 일본의 정서가 그대로 남아 있는 가나자와의 대표 명소로, 교토의 유명한 게이샤 거리 기온(祇園)과 비슷한 느낌을 준다. 에도시대에는 기본적으로 2층 건물이 금지되어 있었지만, 요정만은 예외로 2층 건축이 허용되어 일반 거리와는 사뭇 다른 풍정을 보여주고 있다.
일찍이 가나자와의 동쪽 지역은 전통과 격식을 자랑하는 문인과 부유한 상인들의 사교장이었다. 지금도 그때의 영화로웠던 분위기를 이어가며 조용히 영업을 하고 있는 요정이 있어 운이 좋으면 아리따운 게이샤의 모습을 볼 수도 있다. 고집스럽게 전통을 지키고 있는 찻집과 과자점, 특산품을 판매하는 상점들을 구경하는 재미가 있어, 많은 관광객들의 발걸음을 유혹하는 히가시차야가이는 높은 문화적 가치를 인정받아 2001년 중요전통건조물보존지구로 지정되었다.

대부분 에도시대에 지은 건물들인데도 깨끗하게 유지하고 있는 것이 신기하다.

히가시차야가이 초입에 있는 명물 버드나무와 붉은 찻집

SPECIAL

히가시차야가이의 특별한 볼거리&맛집

규모가 크지 않아 여유 있게 둘러봐도 30~40분이면 충분하지만, 귀여운 소품 가게 구경도 하고 맛있는 차 한 잔의 여유도 즐기려면 1시간 30분은 투자해야 한다. 골목길 곳곳에 숨어 있는 재미있는 가게들을 찾아보며 소소한 재미를 느껴보자.

히가시차야 휴게관
ひがし茶屋休憩館

히가시차야가이의 여행안내소. 에도시대 말기의 상가를 복원한 건물을 사용하고 있어 내부로 들어가면 예스러운 풍정을 느낄 수 있다. 여행 지도를 얻거나 잠깐 쉬면서 화장실을 이용할 수 있다.

① 에도시대의 분위기를 느낄 수 있는 이로리
② 벽면에는 히가시차야가이의 구조를 한눈에 볼 수 있는 지도가 있다.

시마
志摩

히가시차야가이에서 유일하게 에도시대 당시의 요정 분위기를 그대로 보존 공개하고 있는 곳이다. 1820년에 지은 건물로 나라의 중요문화재로 지정되어 있다. 즐기기 위한 목적으로 만든 곳이라 2층 객실에 일본 전통 붙박이장인 오시이레(押入れ)가 전혀 없는 것이 특징이다. 입관료 500엔.

에도시대의 풍정이 그대로 남아 있는 아늑한 분위기의 방

하쿠자 히카리구라
箔座ひかり蔵

금박 전문점. 금박의 도시답게 곳곳에 금박 제품을 판매하는 가게가 많은데, 하쿠자 히카리구라는 이름처럼 특별한 볼거리가 있어 많은 여행자들이 들르는 곳이다. 100년 전에 지은 창고 내, 외관을 어마어마한 양의 금박으로 두른 황금의 창고(黄金の蔵)는 필견!

창고 외벽과 내벽이 모두 금박으로 덮여 있는 황금의 창고

오차야 미술관
お茶屋美術館

에도시대에 만든 찻집으로 2층 목조건물로 되어 있다. 규모가 크진 않지만 아기자기한 실내구조가 재미있다. 또한 붉은색, 푸른색 등 강렬한 원색의 벽지도 인상적. 1층에는 당시에 실제로 사용했던 다양한 물품들을 전시하고 있다.
입관료 500엔.

① 강렬한 원색이 특징인 벽지
② 장식이 화려한 일본풍 비녀 칸자시(かんざし)

하쿠이치
箔一

원래는 일반적인 금박 제품 전문점이었는데, 금박 한 장을 소프트 아이스크림에 통째로 덮는다는 기발한 아이디어 하나로 순식간에 히가시차야가이를 대표하는 명물 가게가 되었다. 히가시차야가이의 골목길 초입에 있는데다, 항상 많은 사람들로 북적거리기 때문에 쉽게 찾을 수 있다. 아이스크림 자체가 맛있기는 하지만 891엔이라는 가격은 아무래도 부담스럽다.

아이스크림을 구매하면 바로 앞에서 금박 한 장을 위에 덮어준다.

금박 소프트 아이스크림을 사면 인증샷은 필수   실내에는 잠시 앉아서 쉴 공간이 있다. 대부분 아이스크림 흡입 중

구레하
久連波

말차와 전통 과자를 먹으며 히가시차야가이의 풍경을 즐길 수 있는 곳. 1층에서는 부채와 손수건 등 다양한 생활용품과 기모노를 판매하고 2층에서는 간단한 식사와 차, 디저트를 즐길 수 있다. 멋스러운 다타미방에서 에도시대 풍류를 조금이나마 느끼고 싶다면 말차와 달콤한 명품 화과자가 함께 나오는 맛차토조나마가시(抹茶と上生菓子, 800엔)를 주문해보자. 화과자가 양에 비해 가격이 센 편이지만, 가나자와가 일본 3대 화과자 생산지인 만큼 한 번쯤은 맛보는 것이 좋다.

뒷맛이 개운한 말차와
고급스러운 단맛이 나는 화과자

마음이 차분해지는 2층 다타미방

소신
素心

구레하 바로 옆에 있는 카페. 외관은 전통 찻집이지만, 내부로 들어가면 분위기 있는 현대식 카페로 신구 문화의 조화로움을 엿볼 수 있다. 메뉴도 케이크와 화과자, 젠자이 등 과거와 현재가 뒤섞인 퓨전이다. 여름에는 시원한 빙수 카키고오리(かき氷, 700엔), 겨울에는 따뜻하고 달콤한 단팥죽 젠자이(ぜんざい, 740엔) 추천.

DAY ONE
09:30
독특한 금은박공예를 체험할 수 있는 **공방**

금은박공예 사쿠다
金銀箔工芸さくだ

평소에는 접하기 힘든 금은박공예의 진수를 느낄 수 있는 곳이다. 1층에서는 금박 봉투, 금가루가 들어간 화장품, 고급스러운 금박 기름종이 등 다양한 생활용품을 판매하고 있으며, 2층에서는 가치를 매기기 힘든 멋진 금박 공예품을 전시하고 있으니 놓치지 말자. 또한, 은은박공예의 장인이 보여주는 금박 제조 과정을 견학할 수도 있으니 일본어가 가능하다면 주저하지 말고 부탁을 해보자. JR 가나자와역과 히가시차야가이에도 판매점이 있다.

- 가나자와 주유버스 하시바초(히가시·가즈에마치차야가이) 정류장에서 도보 7분
- 石川県金沢市東山1-3-27
- 09:00~18:00
- 076-251-6777
- http://goldleaf-sakuda.jp

① 장인이 만든 금박 공예품이라 가격은 어마어마하다.
② 젓가락에 나만의 금박을 붙일 수 있는 체험도 진행(1회 600엔~, 예약 필요)

전통 방식을 고수하며 금박을 만드는 모습에서 장인정신을 엿볼 수 있다.

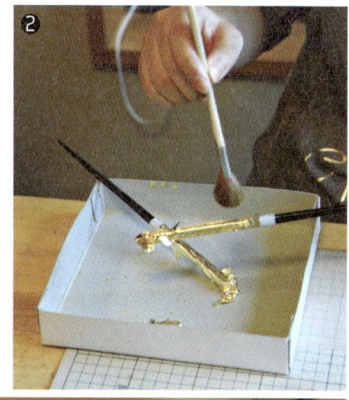

2층에서 전시하고 있는 화려한 금박 공예품

41

DAY ONE 09:00
마음을 비우고 걷는 **명상 산책로**

우타츠야마 산록사원군 '고코로노미치'
卯辰山山麓寺院郡 '心の道'

히가시차야가이에서 조금만 더 안쪽으로 걸어가면 골목길이 구불구불 이어지는 아늑한 산책로가 나온다. 이곳이 바로 53개의 사찰이 오밀조밀 들어서 있는 사원 산책 코스 '고코로노미치(마음의 길)'다. 마음의 길이라는 이름 탓일까, 자동차 소음도 없는 한적한 골목길 사이로 나 있는 산책로를 따라 가다보면 나도 모르는 사이에 마음이 평온해진다. 모든 사원을 다 둘러보려면 반나절 가까이 걸리는 데다, 길 찾기도 힘들기 때문에 히가시차야가이 끝자락에 있는 우타츠진자에서 라이쿄지까지 8개 사원을 둘러보는 미니 코스(1km, 약 40분 소요)로 일정을 잡는 것이 좋다. 구글맵에 나오지 않는 작은 사원들도 많기 때문에 제대로 둘러보려면 히가시차야 휴게관에서 '고코로노미치' 코스 지도를 얻어가는 것이 좋다.

📍 가나자와 주유버스 하시바초(히가시·가즈에마치차야가이) 정류장에서 도보 7분
🚶 石川県金沢市東山
📞 076-220-2194(가나자와시관광교류과)

코스 초입부에 있는
고코로노미치 안내도

우거진 수풀 사이로 이어지는 멋진 산책로

낮에도 햇빛이 잘 들지 않아 으스스한 분위기가 나는 길도 제법 있다.

코스 대부분은 주택가 골목길이지만 오래된 집들이 많아 나름대로 풍정이 있다.

S P E C I A L

고코로노미치 미니 코스 정복하기

한적하고 아늑한 골목 산책로를 따라 늘어서 있는 아기자기한 사원들. 소도시다운 풍정을 느낄 수 있는 골목길 사이를 헤쳐 나가며 미로 찾기 게임을 하듯 사원들을 하나씩 찾아보자.

우타츠진자
宇多須神社
1

우타츠진자 왼쪽에 있는 작은 터널을 지나면 마츠오진자로 가는 길로 이어진다.

마츠오진자
松尾神社
2

마츠오진자 뒤편에 있는 작은 쪽문으로 나가면 소류지로 가는 작은 길이 나온다.

소류지로 가는 길은 한여름에도 바람이 많이 불어서 시원하다.

한낮에도 햇빛이 들지 않는 렌조지로 가는 길. 실제로는 더 어둡다.

소류지
宗龍寺
3

어두운 길을 나오면 아늑한 분위기의 좁은 주택가 골목길이 나온다.

렌조지로 올라가는 길. 사원들이 고지대에 있는 경우가 많아서 계단을 자주 만나게 된다.

혼조지
本蔵寺

7

혼조지를 지나 히가시차야가이 방면으로
돌아가는 길에 라이쿄지가 보인다.

라이쿄지
来教寺

8

혼조지는 세이간지와
길 하나를 사이에 두고
마주보고 있는 형태라
쉽게 찾을 수 있다.

세이간지
誓願寺

6

세이간지 방면으로 내려가는 길.
좁고 경사가 급하기 때문에 조심해야 한다.
다 내려오면 정면으로 세이간지가 보인다.

사이요우지
西養寺

5

렌조지
蓮昌寺

4

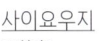

사이요우지 역시 계단을 한참 올라가야 하지만,
다른 사원에 비해 규모가 있어서 볼거리는 제법 있다.

45

가나자와역 쇼핑 명소 1

가나자와 햐쿠반가이
金沢百番街

JR 가나자와역 구내에 있어 편리하게 쇼핑을 즐길 수 있는 곳이다. 개찰구가 있는 중앙 통로를 기준으로 좌우에 패션, 잡화, 카페가 있는 린토(Rinto), 선물가게와 맛집이 늘어서 있는 안토(あんと), 드럭스토어, 마트, 베이커리 등 생활 밀접형 숍이 있는 안토 니시(あんと西), 세 가지 콘셉트의 쇼핑 에어리어로 나뉘어져 있다.

- JR 가나자와역내
- 石川県金沢市木ノ新保町1-1
- 10:00~20:00(상점에 따라 영업시간이 다르니 홈페이지에서 확인 필요)
- 076-260-3700
- www.100bangai.co.jp

린토 Rinto
프랑프랑(Franc franc), 칼디(KALDI), 3coins, 나카가와마사시치 상점(中川政七商店), 어번 리서치(URBAN RESEARCH) 등 인기 있는 패션, 식품, 잡화점이 모여 있는 쇼핑 에어리어. 인기 빵집 저 먼 베이커리와 가나자와 특산품이 한데 모여 있는 선물가게 오미야게도코로(おみやげ処), 관광 안내소도 이곳에 있다.

안토 あんと
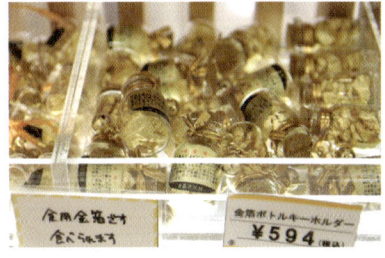
가나자와 명물, 특산품을 판매하는 선물가게가 많아 여행 끝자락에 찾아오면 좋다. 인기 품목은 젓가락, 금박 제품, 화과자, 만주. 안쪽에 있는 맛집 거리 아지와이코지(あじわい小路)에는 인기 카레 전문점 고고카레(ゴーゴーカレー)와 라멘 전문점 하치방라멘(8番らーめん)이 있다.

안토 니시 あんと西
JR 가나자와역 서쪽 출구 부근에 있는 맛집 위주의 에어리어. 에스컬레이터로 2층에 올라가면 드럭스토어 마츠모토 키요시(マツモトキヨシ)와 다양한 식음료를 구입할 수 있는 100MART가 있다.

가나자와역 쇼핑 명소 2

가나자와 포러스
金沢フォーラス

2006년에 오픈한 7층 규모의 백화점. 포러스는 '우리를 위해'를 의미하는 영어 'For us'를 조합한 단어인데, 말 그대로 현대인의 감성을 자극하는 화제성 있는 숍, 지역 사회와 밀접한 관련이 있는 숍 등 고객들이 원하는 전문적인 상점을 충실하게 갖추고 있다. 무인양품(無印良品, 5층), 애프터눈 티 리빙(Afternoon Tea LIVING, 1층), 마리메코(Marimekko, 1층), 엑스라지(X-LARGE, 4층) 등 세련된 중저가 브랜드가 많아 젊은 세대에게 인기가 높다. 6층에는 가나자와 최고의 회전 스시 전문점인 모리모리스시를 비롯 다양한 맛집이 모여 있는 식당 거리가 있어 쇼핑에서 먹방까지 한 자리에서 해결할 수 있다.

- JR 가나자와역 동쪽 출구에서 도보 1분
- 石川県金沢市堀川新町3-1
- 10:00~21:00 / 연중무휴
- 076-265-8111
- www.forus.co.jp/kanazawa

프랑스빵으로 명성이 자자한 인기 베이커리,
비고(BIGOT)

독특한 외관을 보여주는 스타벅스 매장. 바로 앞이 버스 정류장이라
기다리는 동안 커피 한 잔의 여유를 즐길 수 있다.

애프터눈 티 리빙

JR 가나자와역 버스 정류장 앞에 위치한 절묘한 입지

DAY ONE
08:00
가나자와역 주변 **줄서는 맛집**

모리모리스시
もりもり寿し

JR 가나자와역 바로 옆에 있는 쇼핑몰 포러스 6층에 있는 회전스시 전문점. 적당한 가격으로 신선하고 맛있는 스시를 맛볼 수 있는데다 교통도 편리해서 언제나 많은 사람들로 북적거린다. 가게에 도착해서 제일 먼저 해야 할 일은 대기표를 뽑는 것. 식사 시간에는 1시간 가까이 기다릴 때도 있다. 모리모리스시에서 꼭 맛봐야 하는 스시는 가나자와 명물 노도구로 스시. 가격은 비싸지만 적당히 기름지면서도 담백한 스시의 진미를 맛볼 수 있다. 고르기 힘들 때는 터치패널에 있는 오늘의 추천요리 중에서 선택하면 실패할 확률이 줄어든다. 예산은 1인당 2,000~3,000엔 정도.

- JR 가나자와역 동쪽 출구에서 바로
- 石川県金沢市堀川新町3-1
- 11:00~23:00 / 부정기 휴무
- 076-265-3510

푸딩을 먹는 듯한 달콤한 새우.
시로에비(白えび, 흰새우)

기름지면서도 부드러운 맛이 일품인 가나자와
명물 노도구로(のどぐろ, 눈볼대)

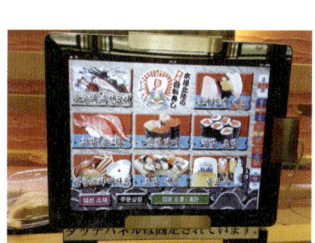

한글로도 주문할 수 있는 터치패널

> **TIP**
>
> **모리모리스시에서 대기표 뽑기**
> 먼저 인원수를 누르고, 화면이 바뀌면 희망 좌석을 선택해야 한다. 많이 기다리지 않으려면 첫 번째 도치라데모요이(どちらでもよい, 어디든 상관없어)를 누르면 된다. 두 번째는 카운터석, 세 번째는 테이블석. 좌석 선택이 끝나면 대기표가 나온다.
>
>

멘야타이가
麺屋大河

미소라멘 전문점. 원래 미소라멘은 삿포로가 유명하지만, 그에 못지않은 궁극의 미소라멘을 맛볼 수 있는 곳이 멘야타이가다. 초라한 외관, 좁은 카운터석만 있는 실내 분위기만 보면 다소 실망할 수도 있겠지만, 탱탱한 면발과 구수한 국물의 조화로운 맛을 보면 그런 생각은 순식간에 사라진다. 기본 미소라멘(味噌ラーメン, 700엔)도 맛있지만, 오징어먹물이 들어가 국물 맛에 깊이를 더한 쿠로미소라멘(黒味噌ラーメン, 750엔), 고소하고 부드러운 미소 츠케멘(味噌つけめん, 800엔), 매콤한 맛이 일품인 아카미소라멘(赤味噌ラーメン, 780엔) 등 어느 것을 선택해도 실패하지 않는 수준급 라멘이다.

- JR 가나자와역 동쪽 출구에서 도보 5분
- 石川県金沢市堀川町6-3
- 11:30~15:00, 17:30~23:00(일 · 휴일은 점심에만 영업) / 월요일 휴무(월요일이 휴일이면 화요일 휴무)
- 076-260-7737

매콤하게 먹으려면 향신료를 조금 첨가하자.

식사를 끝낸 후 입가심을 할 수 있도록 껌을 무료로 제공하고 있다.

손때 묻은 메뉴판에서 맛집의 향기가 느껴진다.

좌석 아래에 짐을 넣을 수 있는 바구니가 하나씩 있다.

주문을 하면 기다리는 동안 마실 수 있도록 식전 주스를 준다.

멘야타이가의 시그니처 메뉴인 쿠로미소라멘. 강력한 화력으로 끓여내서 미소와 국물, 채소의 맛을 극대화하고 편육은 저온 조리법으로 촉촉하고 부드럽게 만들었다.

현지인처럼 즐기는 이자카야

미라쿠 유메리
味楽 ゆめり

다양한 일품요리와 지역 특산주가 유명한 이자카야. 개점을 하자마자 주변 직장인, 대학생, 연인 등 다양한 사람들이 삼삼오오 무리를 지어 아늑한 분위기의 이자카야 유메리로 들어간다. 개점 후 1시간도 지나지 않았는데 만석. 현지인들이 사랑하는 맛집이라는 명성에 걸맞은 인기다. 유메리의 가장 큰 매력은 신선한 지역 특산 재료로 만든 다양한 안주. 두 명에서 3~4개 정도를 시키면 저녁 대용으로 먹을 만하다. 시원한 나마비루(生ビール, 550엔)를 곁들이면 금상첨화. 추천 안주는 사시미 모리아와세(刺身盛り合わせ, 2인분 2700엔). 조금 비싸긴 하지만 가나자와 북쪽에 있는 노토반도에서 나는 신선한 해산물로 만든 회라 충분한 값어치를 한다. 그밖에 유메리에서만 맛볼 수 있는 오리지널 샐러드인 유메사라다(夢さらだ, 800엔)와 노토반도의 명물 돼지고기로 만든 노토부타야키(能登豚焼, 1100엔)도 인기 안주.

- 가나자와역에서 도보 7분
- 石川県金沢市本町1-3-33
- 18:00~23:00 / 일요일 휴무
- 076-255-3999
- www.ne.jp/asahi/ajiraku/yumeri

살아있는 듯한 신선함을 입 안 가득 느낄 수 있는
사시미 모리아와세

이자카야에서 당당하게 주문하기

안내를 받고 자리에 앉은 후 제일 먼저 주문해야 하는 것은 음료수나 술. 지역 특산주 메뉴판이 따로 있는데, 잘 모를 때는 "오스스메노모노 구다사이(추천해주세요)."라고 하면 된다. 조금 있으면 자릿세 개념의 간단한 안주인 오토오시(お通し)를 내오는데, 술과 함께 먹으면서 메인 메뉴를 골라 주문하면 된다. 어느 정도는 일본어를 알아야 주문을 할 수 있는 곳이라 조금 불편할 수도 있지만, 친절하게 응대해주기 때문에 크게 염려할 필요는 없다.

① 아보카도, 토마토, 양상치, 베이컨 등을 유메리 오리지널 소스로 버무린 유메사라다
② 육즙이 찰찰! 씹는 느낌이 나지 않을 정도로 부드러운 노토 부타야키
③ 카운터석 뒤편에는 지역 특산주가 한가득 진열되어 있다.

KANAZAWA COLUMN

가나자와의 요정 문화

화려한 문화를 꽃피웠던 가나자와에는 수백 년의 역사를 가진 요정(料亭)이 도시 곳곳에 숨어 있다.

가나자와에서 요정이란 일본 전통 료칸에서 먹을 수 있는 가이세키요리(懷石料理)를 제공하는 음식점을 의미한다. 가나자와의 요정에서 내오는 가이세키요리의 메인은 신선한 해산물을 중심으로 카가 평야에서 나는 쌀과 채소를 곁들인 카가요리(加賀料理). 요리를 내는 접시는 가나자와 칠기처럼 일본 내에서도 수준급으로 알려진 고급 도기를 사용한다. 이처럼 가나자와 요정은 눈으로 즐기는 맛과 입으로 느끼는 맛을 절묘하게 표현하고 있어 가이세키요리를 연구하는 많은 사람들이 수행을 하러 오기도 한다.

또한, 요정에서는 요리뿐만 아니라 건물과 정원의 아름다움도 함께 즐길 수 있다. 가나자와에는 에도시대 이전의 옛 건물들이 당시 모습 그대로 남아 있는 곳이 많아서 풍정을 더한다. 일반 음식점에 비해 가격은 훨씬 비싸지만, 본격적인 일본 요리를 맛보며 다양한 일본문화를 체험할 수 있는 곳인 만큼 한 번쯤은 도전해볼 가치가 있다.

가나자와 세키테이
かなざわ石亭

1867년에 창업한 료칸 아사다야에서 운영하는 요정. 역사와 전통을 자랑하는 만큼 수많은 명사들이 방문을 하기도 했다. 21세기 박물관 근처에 있어 찾아가기가 편하고, 점심때는 가격도 합리적이라 요정 문화를 맛보고 싶다면 가볼 만하다. 추천 메뉴는 평일 한정 30식만 제공하는 세키테이고젠(石亭御膳, 3500엔). 카가요리의 기본을 맛볼 수 있는 가나자와 고젠(金沢の御膳, 4,500엔)도 괜찮다.

- 가나자와 주유버스 히로사카 · 21세기미술관 정류장에서 도보 3분
- 金沢市広坂1-9-23
- 11:30~14:30, 17:00~22:00
- 076-231-2208
- www.asadaya.co.jp/sekitei

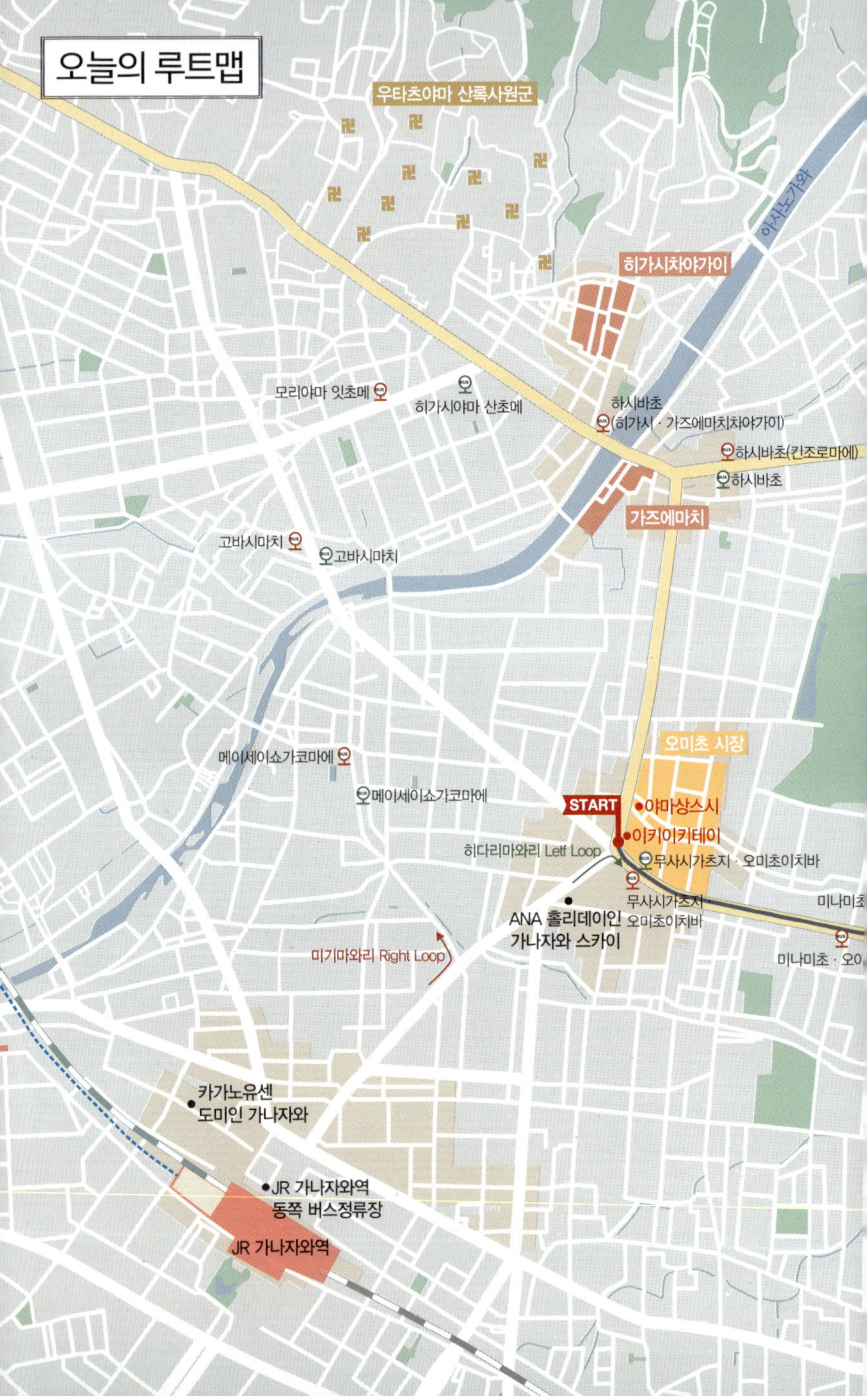

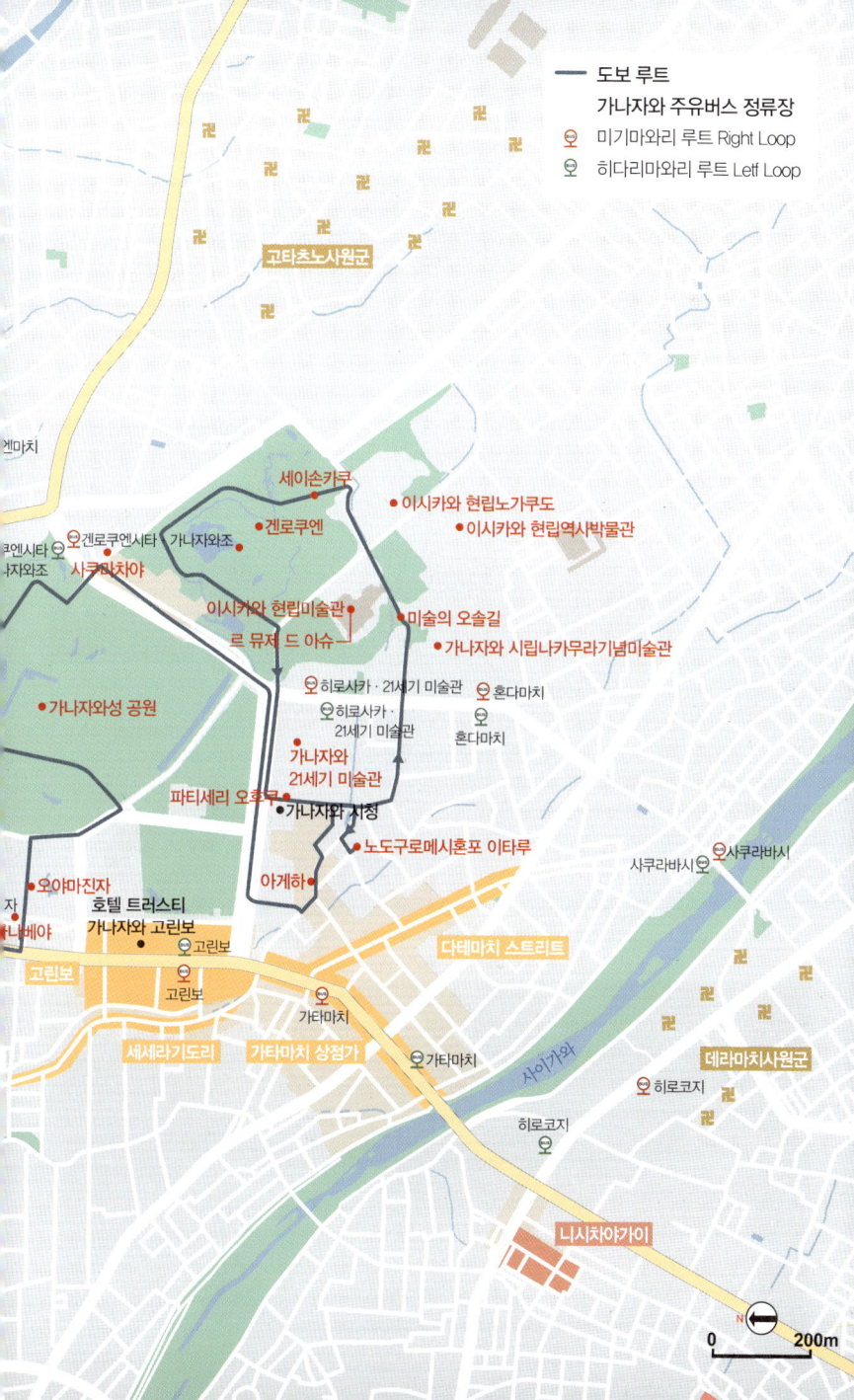

DAY TWO
08:00
황제의 아침 밥상, 카이센동

이키이키테이
いきいき亭

가나자와 앞바다에서 잡은 신선한 생선회와 새우, 관자 등이 잔뜩 올라간 해산물 덮밥 카이센동(海鮮丼)으로 유명한 오미초 시장의 대표 맛집. 2009년 오픈 당시부터 한결같이 "좋은 재료가 맛을 결정한다."는 믿음으로 요리를 하기 때문에 언제 가든 최고의 카이센동을 먹을 수 있다. 그런 노력에 대한 보상으로 2014년에 개최한 제1회 전국 돈부리 경연대회에서는 카이센동 부문 금상을 수상하기도 했다. 추천 메뉴는 신선한 해산물이 듬뿍 올라가 있는 이키이키테이동(いきいき亭丼, 2000엔). 양이 많지 않은 사람이라면 미니 가나자와동(ミニ金沢丼, 1500엔)을 주문하면 된다. 아쉬운 점은 카운터석 10개밖에 없는 작은 규모라 식사 시간에는 30분~1시간은 기다려야 한다는 것.

대기가 있을 때는 입구에 있는 예약용지에 이름, 인원 등을 기입하고 창문에 붙여두어야 한다. 사람이 많다면 예약용지를 붙여놓고 주변 시장 구경을 하고 오도록 하자.

📍 가나자와 주유버스 무사시가츠지 · 오미초이치바 정류장에서 도보 3분
🏠 石川県金沢市青草町88 近江町いちば館 1F
🕐 07:00~17:00(재료 소진 시 종료) / 목요일 휴무
📞 076-222-2621

적당한 양, 적당한 가격으로 여성들에게 인기 있는 오마카세동

야마상스시
山さん寿司

이키이키테이와 함께 카이센동의 양대산맥. 가나자와 관광홍보 자료에 단골로 나올 정도로 오미초 시장에서는 빼놓지 말고 가봐야 할 맛집으로 손꼽는 곳이다. 추천 메뉴는 압도적인 비주얼의 카이센동(海鮮丼, 2700엔). 문어, 연어, 참치, 오징어, 게, 연어알, 성게, 단새우 등등 누구나 좋아하는 해산물이 듬뿍 올라가기 때문에 호불호가 없는 것이 특징이다. 비주얼은 조금 떨어지지만 맛은 뒤지지 않는 오마카세동(おまかせ丼, 1620엔)도 인기. 좌석이 제법 많은 편이라 여러 명이 함께 이용할 수 있어 편리하다.

📍 가나자와 주유버스 무사시가츠지 · 오미초이치바 정류장에서 도보 3분
🏠 石川県金沢市下近江町68
🕐 07:30~19:00(재료 소진 시 종료) / 연중무휴
📞 076-221-0055
🌐 www.yamasan-susi.com

DAY TWO
09:00

280년의 역사를 자랑하는 **가나자와의 부엌**

오미초 시장
近江町市場

280년의 역사를 자랑하는 가나자와 대표 재래시장. 싱싱한 해산물을 비롯하여 다양한 품목을 저렴하게 공급하고 있으며, 맛있기로 소문난 카가 지방의 채소와 과일 그리고 가공품까지 모두 갖추고 있다. 시끌벅적한 시장 안으로 들어가면, 계절에 맞는 식재료를 팔면서 최고의 요리법까지 상세히 일러주는 친절한 일본 상인들을 만나볼 수 있다. 시각, 청각, 후각을 모두 만족시키는 오미초 시장에는 총 180여 개의 점포가 개성 넘치는 상술을 펼치고 있어, 여느 거리와는 또 다른 즐거움을 맛보며 산책을 할 수 있다.

왁자지껄한 분위기의 시장을 제대로 구경하려면 조금 일찍 서두르는 것이 좋다. 신선한 해산물을 판매하는 점포는 9시쯤 문을 열고 3, 4시쯤 되면 하나 둘씩 문을 닫기 시작한다. 다만, 조금 저렴하게 해산물을 구입하고 싶다면 4~5시 사이를 노리도록 하자. 운이 좋으면 떨이로 나오는 생선회나 굴, 새우 등을 싼 값에 맛볼 수도 있다. 시장 정기휴일은 따로 지정되어 있지 않고 점포에 따라 다른데, 대체로 수요일에 쉬는 곳이 많다.

오미초 이치바칸 2층에서 본 시장 풍경. 지하 1층과 2층에는 다양한 맛집이 있다. 가나자와 명물 카레인 카레 노챔피언은 지하 1층에 위치.

📍 가나자와 주유버스 무사시가츠지 · 오미초이치바 정류장에서 도보 1분(에무자 입구 기준)
✂ 石川県金沢市上近江町50
⏲ 07:00~17:00(점포마다 다름)
📞 076-231-1462
🌐 www.ohmicho-ichiba.com

① 가나자와 도심에서 가장 큰 규모를 자랑하는 드럭스토어 마츠모토 키요시가 오미초이치바칸 지하 1층에 있다.
② 오미초 시장 에무자 입구에 있는 지하1층, 지상 5층 규모의 쇼핑 건물 오미초이치바칸(近江町いちば館)

SPECIAL

오미초 시장 간식 열전

맛있는 간식을 손에 들고 먹으며 돌아다니는 것은 시장을 구경하는 가장 큰 즐거움. 오미초 시장에서는 신선한 해산물은 물론, 제철 과일과 꼬치구이 등 다양한 간식을 맛볼 수 있어 매력적이다.

석화

오미초 시장의 대표적인 해산물. 굴을 고르면 직원이 깨끗하게 씻고 먹기 편하게 손질해 준다. 싱그러운 바다의 맛을 느낄 수 있다. 개당 500~1000엔

새우

가나자와 명물 새우 보탄에비(ボタン海老). 구입하면 바로 손질을 해주기 때문에 편하게 먹을 수 있다. 달콤한 맛이 일품. 개당 300~500엔

성게

살아있는 신선한 성게를 맛볼 수 있는 기회는 흔치 않다. 성게 역시 현장에서 바로 먹을 수 있다. 개당 500~1000엔

고로케

문어, 소고기, 게, 치즈, 새우, 밤 등 가게마다 다양한 종류의 고로케를 갖추고 있다. 걸어 다니면서 주전부리로 그만. 개당 50~150엔

오렌지 주스

신선한 오렌지에 바로 빨대를 꽂아 마시는 100% 천연 주스. 하나 마시면 원기회복이 되는 느낌이다.
개당 300엔

컵과일

가나자와 과일은 당도가 높기로 유명하다. 멜론, 수박, 파인애플, 복숭아 등 원하는 대로 골라먹을 수 있다.
1컵 200~300엔

장어 꼬치구이

비법 양념을 발라 숯 위에서 맛있게 구운 장어구이.
밥을 부르는 맛이다. 개당 500엔~

가리비 꼬치구이

맛있기로 유명한 가나자와산 가리비 구이. 불맛이 살아 있는 쫀득쫀득한 맛이 일품. 개당 500엔~

미꾸라지 꼬치구이

달콤하고 짭짤한 양념으로 구워낸 미꾸라지 통구이.
다른 시장에서는 보기 힘든 꼬치구이이다. 개당 120엔~

간이 테이블이 있는 점포

시마다수산(島田水産)에서 굴이나 성게, 새우 등을 구입하면 옆에 있는 테이블에서 바로 먹을 수 있다. 가격도 저렴한 편이고 와사비, 간장 등 소스도 있어 맛있게 먹을 수 있다. 맥주 한 잔을 곁들이면 금상첨화

DAY TWO
00:00
네덜란드 풍의 일본 신사 탐방

오야마진자
尾山神社

네덜란드 풍의 특이한 신사로, 카가현 초대 번주 마에다 도시이에(前田利家)와 그의 아내를 모시는 곳이다. 얼핏 보기에는 일본 전역 어디서나 볼 수 있는 신사와 별반 차이가 없는 것 같지만, 전통 일본 양식에 서양의 유리공예를 접목시킨 츠다 요시노스케(津田吉之助)가 건축한 신몬(神門)은 다른 곳에서는 볼 수 없는 독특함을 가지고 있다. 신몬 3층에 있는 스테인드 글라스는 밤이면 등불을 밝히는데, 옛날에는 동해를 항해하는 배들이 이 등불을 등대 삼아 방향을 잡았다고 한다. 그밖에 에도시대의 양식을 고스란히 간직한 아름다운 연못 정원이 볼만하다.

📍 가나자와 주유버스 미나미초·오야마진자 정류장에서 도보 3분
🏠 石川県金沢市尾山町11-1
🕐 항시
💰 무료
📞 076-231-7210
🌐 www.oyama-jinja.or.jp

연못 위에 있는 나무다리를 거닐며 정원을 구경할 수 있는데, 설치한지 오래되어서 몇 군데는 삐걱거리기도 한다. 제법 아찔한 경험이다.

귀여운 동네 빵집에서 간식 삼매경

와타나베야
ワタナベヤ

오야마진자 구경을 하러 가다보면 입구 주변에서 빵 굽는 냄새가 맛있게 코를 자극한다. 현지인 사이에서 인기 있는 작은 동네 빵집 와타나베야가 있기 때문이다. 냄새에 이끌려 걸어가면 귀여운 오렌지색 외관의 예쁜 가게가 나오는데, 사진을 안 찍고는 못 지나갈 풍경이다. 가게 규모가 워낙 작아서 안에서 먹을 수는 없고 무조건 테이크아웃으로만 판매한다. 대부분 100~200엔 대의 빵이지만, 맛은 보증수표, 부담 없이 한두 개 사두면 간식으로 그만이다.

- 가나자와 주유버스 미나미초 · 오야마진자 정류장에서 도보 3분
- 石川県金沢市尾山町12-16
- 09:00~18:00 / 금요일 휴무
- 076-231-1232
- http://watanabeya.jp

진열되어 있는 빵을 확인한 후 주문할 때는 창문을 살짝 열고 얘기하면 된다.

DAY TWO

역사의 흔적과 꽃향기가 어우러지는 **공원 산책**

가나자와성 공원
金沢城公園

가나자와성은 1583년 초대 번주인 마에다(前田)가 입성한 이후 3세기에 걸쳐 마에다 가문이 본성으로 사용한 곳이다. 원래는 약 30만 평방미터 부지에 20여 개의 망루를 가진 거대한 성이었는데, 여러 차례 화재를 겪으면서 천수각을 비롯한 주요 성곽은 모두 전소되고 말았다. 도중에 여러 차례 재건을 했지만, 현재는 산노마루(三の丸)의 이시카와몬(石川門)과 중요문화재인 산짓켄나가야(三十間長屋)만 남아 있다. 한때 가나자와대학의 캠퍼스로 사용한 적도 있지만, 이후 공원으로 정비하여 예전 시설을 복원하고 아름다운 꽃과 나무를 심어 시민들의 휴식처로 사랑받고 있다.

- 가나자와 주유버스 겐로쿠엔시타 · 가나자와조 정류장에서 도보 5분
- 石川県金沢市丸の内1-1
- 07:00~18:00(3월 1일~10월 15일), 08:00~17:00(10월 16일~2월 말일) / 연중무휴
- 공원 무료(단, 히시야구라 · 고짓켄나가야 · 하시즈메몬 쓰즈키야구라 입관료 310엔)
- 076-234-3800
- www.pref.ishikawa.jp/siro-niwa/kanazawajou

① 이시카와몬을 지나면 바로 보이는 종합안내소. 공원 구조가 자세하게 나와있는 안내도를 얻어가자.
② 가나자와성 공원의 정문이라 할 수 있는 이시카와몬
③ 가나자와성의 절경을 한눈에 볼 수 있는 츠루노마루 휴게관
④ 망루에서 바라본 공원 풍경

① 산짓켄나가야 뒤쪽의 산책로에 있는 혼마루 성터. 우거진 수풀에 표지판만 하나 서있는 모습에서 세월의 무상함이 느껴진다.
② 문을 지키는 좌우의 망루와 무기창고로 사용했던 고짓켄나가야를 복원한 히시야구라 · 고짓켄나가야 · 하시즈메몬 쓰즈키야구라
③ 적병이 몰려들면 돌을 떨어뜨릴 수 있도록 장치를 해두었다.

그 중에서도 2001년에 복원한 히시야구라(菱櫓), 고짓켄나가야(五十間長屋), 하시즈메몬 쓰즈키야구라(橋爪門續櫓)는 가나자와성 공원의 대표적인 볼거리로 각광받고 있다. 대들보나 기와, 벽면 모두 새것이라 옛 풍정은 느끼기 힘들지만 당시의 성곽 구조를 알아볼 수 있어서 좋은 경험이 된다. 철포(조총)를 숨겨둘 수 있는 벽면, 돌을 떨어뜨릴 수 있도록 만든 구조 등 성을 둘러볼 때 구석구석 꼼꼼히 살펴보면, 보는 재미가 더해진다.
봄이면 벚꽃이 성 곳곳에 만발하므로 벚꽃이 절정인 4월 초에 방문하면 꽃으로 뒤덮인 아름다운 풍경을 즐길 수 있다.

무기와 탄약을 보관하던 창고 산짓켄나가야

산짓켄나가야 뒤쪽의 산책로

산짓켄나가야 코스로 내려가면 21세기 미술관 방면으로 나갈 수 있다.

DAY TWO 02:00
산책 도중 즐기는 여유로운 휴식

사쿠라차야
さくら茶屋

세월의 흔적을 느낄 수 있는 고즈넉한 분위기의 카페 레스토랑. 외관에서 풍기는 예스러운 이미지에 걸맞게 실내 분위기 또한 단아한 일본풍이다. 200석이라는 엄청난 규모지만, 짜임새 있게 구성하여 정신없어 보이지는 않는다. 서양식 좌석과 일본식 다타미석이 적절히 섞여 있는 것도 매력적. 특히, 아름다운 미니 정원을 바라보며 차 한 잔의 여유를 보낼 수 있는 곳도 있어, 요정 못지않은 분위기를 연출한다.

추천 메뉴는 떫은맛이 전혀 없고 고급스러운 단맛을 잘 이끌어낸 말차파르페(抹茶ぱふぇ, 1180엔)와 칡가루를 반죽해 익힌 후 우동면처럼 잘라 시럽에 찍어먹는 가나자와 명물 디저트 구즈키리(くずきり, 580엔). 그밖에 팥과 흑설탕으로 만든 일본식 디저트 고쿠토시라타마 안미츠(黒糖白玉あんみつ, 680엔)도 인기가 높다. 식사도 괜찮은 편인데, 육질이 좋은 노토규를 올린 스테이크동(能登牛のステーキ丼, 2880엔)은 현지인 사이에서도 평가가 높다.

- 가나자와 주유버스 겐로쿠엔시타・가나자와조 정류장에서 도보 5분
- 石川県金沢市兼六町2-50
- 카페 10:00~22:00 / 식사 11:00~15:00, 17:00~22:00 / 연중무휴
- 076-221-5151
- www.sakuracyaya.jp

미니 정원을 바라보며 여유롭게 쉴 수 있는 공간도 있다.

① 가나자와 명물 디저트 구즈키리. 국수를 먹듯 젓가락으로 집어서 시럽에 찍어먹는다.
② 인기 넘버원 메뉴 말차파르페
③ 흑설탕의 달달함이 살아있는 고쿠토시라타마 안미츠

DAY TWO
가나자와의 인생 맛집

아게하
あげは

일본 가정식 백반과 카이센동으로 유명한 가나자와 최고의 숨은 맛집. 좌석은 카운터 10석뿐인데다 현지인들 사이에서도 워낙 인기가 높은 곳이라 언제 가든 기본 30분 이상은 기다려야 한다. 다양한 카이센동이 있긴 하지만, 아게하에서 반드시 먹어야 할 대표 메뉴는 아게하고젠(あげは御膳, 1000엔). 장인의 손길로 제대로 숙성시킨 생선회를 메인으로 간단한 밑반찬과 미소시루가 함께 나오는데, 모든 음식이 최고급 일식집의 그것과 별반 차이가 없을 정도로 정갈하고 맛있다. 특히, 네리모노(ねり物, 300엔)를 추가하면 바로 앞에서 만들어주는 어묵 사츠마아게(さつま揚げ)와 푸딩 같은 부드러운 식감을 자랑하는 카이센만주(海鮮まんじゅう)를 맛볼 수 있으니 무조건 함께 주문해야 한다. 카이센만주는 자가이모 카쿠니이리(じゃがいも 角煮入り, 다랑어가 들어간 감자), 가보차 우나기이리(かぼちゃ うなぎ入り, 장어가 들어간 호박), 하마구리(はまぐり, 대합), 가나자와 명물 노도구로(のど黒, 눈볼대), 미소버터호타테(みそバターほたて, 미소버터 가리비), 아카이카(あかいか, 오징어) 중에서 취향대로 하나를 선택하면 된다.

밥이 어느 정도 남으면 밑반찬으로 나온 김치(생선살이 들어 있다)를 살짝 올려 오차즈케로 만들어 먹을 수 있다.

📍 가나자와 주유버스 고린보 정류장에서 도보 5분
🍴 石川県金沢市広坂1-1-28 広坂パレス 1F
🕐 11:30~15:00, 18:00~22:00 / 월·화요일 휴무
📞 090-8260-2995

① 고소하면서도 부드러운 맛이 일품인 노도구로 카이센만주
② 입에서 살살 녹는 사츠마아게. 달콤한 생선의 맛을 느낄 수 있다.
③ 참치, 정어리, 방어 등 절묘한 숙성 방법으로 맛을 극대화한 아게하고젠의 명물 생선회

아게하고젠과 네리모노

저녁은 예약제로 운영하는데, 최소 3일 전에는 예약을 해야 한다. 점심은 순번제라 무조건 일찍 가는 게 좋다. 영업시간이 오후 3시까지이긴 하지만, 그전에 재료가 소진되는 경우가 많아 2시쯤이면 끝난다고 생각해야 한다.

개성 넘치는 **가나자와 최고의 문화 명소**

가나자와 21세기 미술관
金沢21世紀美術館

위에서 바라보면 둥근 원반 같은 독특한 건물, 유리로 만든 벽이 인상적인 미술관으로, 통통 튀는 즐거움이 가득한 곳이다. 가나자와 대학 부속 중학교·초등학교·유치원이 있던 장소에 2004년 10월 9일 개관했으며, 수많은 관광객이 몰리는 일본 3대 정원 겐로쿠엔(兼六園)과 가나자와 중심부에 위치한 가나자와성 공원(金沢城公園)과도 가까워 함께 둘러보기에 좋다. 관내는 1980년 이후에 제작된 국내외의 작품을 중심으로 회화, 조각, 디자인, 사진, 영상 등 폭넓은 분야의 미술품을 전시하고 있는 유료 존과 아트 라이브러리, 뮤지엄 숍 등이 있는 무료 존으로 나뉘어져 있는데, 무료 존에서도 다양한 작품을 감상할 수 있는 것이 매력적이다. 또한, 가나자와 최대의 번화가인 가타마치(片町)나 고린보(香林坊)에서 산책삼아 걸어갈 수 있는 거리라 부담 없이 둘러볼 수 있는 것도 장점이다.

미술관 주변에는 가나자와 시립나카무라기념미술관, 이시카와 현립미술관, 이시카와 현립역사박물관 등이 모여 있어 멋진 문화 명소를 만들고 있다.

- 📍 가나자와 주유버스 히로사카·21세기 미술관 정류장에서 바로
- 🏠 石川県金沢市広坂1-2-1
- 🕐 10:00~18:00 / 월요일, 연말연시 휴무
- ¥ 360엔, 특별전은 1,000엔
- ☎ 076-220-2800
- 🌐 www.kanazawa21.jp

① 최근 인기를 끌고 있는 가상 체험. 일찍 가지 않으면 엄청 기다려야 한다.
② 한적한 풍경을 바라보며 차와 식사를 할 수 있는 카페 레스토랑
③ 기념품이나 소규모 미술 작품 등을 구입할 수 있는 뮤지엄숍

창밖을 바라보며 편하게 멍때릴 수 있는 장소가 몇 군데 있다.

주요 작품

스위밍풀 Swimming pool
Leandro Erlich, 2004

아르헨티나 출신 설치 미술가 레안드로 에를리치가 미술관 개관을 기념하여 제작한 스위밍풀. 언뜻 보면 어디에나 있는 평범한 수영장인데, 갑자기 수영장 바닥으로 사람의 모습이 보여 깜짝 놀란다. 수영장 바닥 사이에 유리판이 있고 그 아래로 사람들이 지나다닐 수 있는 공간이 있었던 것. 톡톡 튀는 아이디어가 놀라운 공간 연출 능력이다.

미도리노하시 緑の橋
Patrick Blanc, 2004

관내 중앙의 정원에 만든 길이 13m, 높이 5m의 아름다운 길이다. 가나자와에서 자생하는 100종류의 다양한 식물들이 길 주변을 에워싸고 있는 모습이 환상적이다.

아레나를 위한 클랜펠트 넘버 3 Klangfeld Nr.3 für Alina
Florian Claar, 2004

미술관 주변의 잔디밭에 설치되어 있는 튜바 형태의 작품. 모두 12개가 있는데, 각각의 관은 쌍을 이루면서 땅속으로 연결되어 있다. 단, 어떤 관이 쌍을 이루는지는 알 수가 없기 때문에 한쪽에서 소리를 내고 어디에서 들리는지 하나하나 찾아봐야 한다.

컬러 액티비티 하우스 Colour activity house
Olafur Eliasson, 2010

색의 3원색인 빨강, 노랑, 파랑의 유리벽을 나이테처럼 형상화한 작품. 안으로 들어가면 보는 장소나 보는 사람의 움직임에 따라 주변 색상이 달라지는 재미있는 경험을 할 수 있다.

래핑 Wrapping
Fernando Romero, 2005

잔디 위에서 아이들이 내부로 들어가 놀 수 있게 만든 생활형 작품. 정글짐을 연상시키는 구조물로 안에 들어가면 제법 복잡한 형태를 이루고 있다.

구름을 재는 남자 雲を測る男
Angelos bvba, 1998

1962년 미국 영화 〈버드맨 오브 알카트라즈〉에서 아이디어를 얻어 만든 작품. 감옥에 갇힌 주인공이 독방에서 새를 키우며 조류학자가 되었다는 실화에 근거를 두고 있다. 작품 제목은 주인공의 명대사인 "구름이라도 재면서 지내야지."에서 유래한다.

SPECIAL

가나자와 문화 산책

가나자와에는 아기자기하면서도 볼거리가 풍부한 미술관과 박물관이 도보 5분 내외의 거리에 모여 있어, 예술에 관심이 있는 사람들에게는 그 어떤 명소보다도 멋진 여행코스가 된다.

가나자와 시립나카무라기념미술관
金沢市立中村記念美術館

나카무라 주조 주식회사의 사장이었던 나카무라 씨가 "미술품은 한 개인의 것이 아니라 국민의 보물이다."라는 신념으로 오랜 기간 수집해온 미술품을 제공하고 쇼와시대 초기에 지은 나카무라 가문의 주택을 현재 위치로 이축하여 1966년 5월에 개관한 미술관이다. 이후 1975년 7월에 가나자와시에 기증하여 가나자와 시립나카무라기념미술관으로 재발족하여 지금에 이르고 있다. 관내에는 중요문화재가 포함된 다도 미술의 명품을 중심으로 서예, 회화, 칠기, 도자기 등 다양한 미술품을 전시하고 있다. 또한, 미술관 정원에는 아름다운 다실이 있어 멋진 풍정을 연출한다.

- 가나자와 주유버스 히로사카 · 21세기 미술관 정류장에서 도보 3분
- 石川県金沢市本多町3-2-29
- 09:30~17:00 / 전시품 교체기간, 연말연시 휴무
- 300엔
- 076-221-0751
- www.kanazawa-museum.jp/nakamura

미술의 오솔길
美術の小径

가나자와 시립 나카무라 기념미술관에서 이시카와 현립 미술관으로 갈 수 있는 작은 길. 한낮에도 햇빛이 들지 않을 정도로 숲이 우거져 있어 조금 늦은 시간에 가면 으스스한 기분이 든다. 도중에 두 갈래로 길이 나뉘는데 어느 쪽으로 올라가든 상관없다. 경사가 급하기 때문에 계단을 오를 때는 주의하자.

이시카와 현립미술관
石川県立美術館

고미술에서 일본화, 유채화, 조각, 공예 등의 현대미술까지 이시카와현과 관련이 있는 작품들을 중심으로 다양하고 풍부한 수집품을 전시하고 있는 미술관. 원래 해군이 주둔하던 관사를 개장해서 1945년에 개관했지만, 점령군에게 접수되고 이후 1983년에 현재 위치로 이전하면서 이시카와 현립미술관이라는 명칭으로 부르게 되었다. 관내에는 수많은 미술품과 함께 가치 높은 문화재도 전시되어 있는데, 그중에서 에도시대의 유명한 도예가 노노무라 닌세이(野々村仁清)가 만든 국보 이로에키지코로(色絵雉香炉)와 중요문화재인 이로에메스키지코로(色絵雌雉香炉)는 빼놓지 말고 보아야 한다.

- 가나자와 주유버스 히로사카 · 21세기 미술관 정류장에서 도보 6분
- 石川県金沢市出羽町2-1
- 09:30~18:00 / 전시품 교체 기간, 연말연시 휴무
- 360엔
- 076-231-7580
- www.ishibi.pref.ishikawa.jp

이시카와 현립역사박물관
石川県立歴史博物館

푸른 잔디 위로 예쁜 붉은 벽돌 건물 3동이 나란히 있는 풍경은 가나자와 문화 산책의 백미다. 건물들은 원래 육군 병기고였는데, 제2차 세계대전이 끝난 후에는 가나자와 미술공예대학이 사용했다. 이후 건축 당시의 모습을 복원하고 전시 설비를 확충하면서 1986년 이시카와 현립역사박물관으로 재탄생하게 되었다. 역사적 건축물의 보존과 박물관으로서의 가치를 인정받아 1990년에는 국가 중요문화재로 지정되고 이듬해에는 일본 건축학회상을 수상하기도 했다. 박물관은 모두 3동으로 이루어져 있는데, 이시카와현의 역사와 문화를 알려주는 역사발견관(1동), 안내데스크와 뮤지엄숍, 갤러리가 있는 교류체험관(2동), 카가혼다박물관(3동)이 각기 다른 다양한 전시를 하고 있다.

- 가나자와 주유버스 히로사카 · 21세기 미술관 정류장에서 도보 8분
- 石川県金沢市出羽町3-1
- 09:00~17:00 / 전시품 교체 기간, 연말연시 휴무
- 교류체험관 무료, 역사발견관 300엔, 카가혼다박물관 400엔, 공통권 500엔
- 076-262-3236
- http://ishikawa-rekihaku.jp

이시카와 현립노가쿠도
石川県立能楽堂

우리들에게는 다소 생소한 분야인 노가쿠(能楽, 일본의 가면 음악극, 세계 무형문화유산 등록) 무대를 볼 수 있는 공연장. 가나자와는 에도시대부터 서민들 사이에서도 노가쿠가 성행하던 도시였는데, 특히 호쇼(宝生) 식 노가쿠가 유명해서 '카가호쇼(加賀宝生)'라는 말이 생겨날 정도였다. 카가호쇼는 현재 가나자와의 무형문화재로 지정되어 있다. 공연이 없는 날에는 사무실에 요청을 하면 누구든지 실내를 견학할 수 있다. 노가쿠에 사용하는 가면과 장식물, 실제로 공연을 하는 무대 등을 볼 수 있다. 노가쿠에 대해 더 자세히 알고 싶다면 가나자와 21세기 미술관 옆에 있는 가나자와 노가쿠미술관(金沢能楽美術館, 300엔)에 가보도록 하자.

- 가나자와 주유버스 히로사카 · 21세기 미술관 정류장에서 도보 8분
- 石川県金沢市石引4-18-3
- 09:00~16:30
- 견학 무료
- 076-264-2598

노가쿠도 주변에는 역사적인 건물들이 많아서 함께 둘러보면 좋다.

DAY TWO
09:00

커피 한 잔과 달콤한 케이크 한 조각의 사치

르 뮤제 드 아슈
Le Musee de H

이시카와 현립미술관 안에 있는 명품 베이커리 카페. 23세, 최연소로 전국양과자기술콩쿠르에서 우승을 차지한 천재 파티셰 츠지구치 히로노부(辻口博啓)가 만든 곳이다. 초록빛으로 우거진 숲을 바라보며 향기 좋은 커피 한 잔과 달콤한 케이크 한 조각의 사치를 누릴 수 있어, 여행으로 지친 심신을 달래기에 좋다. 인기 있는 메뉴는 엔도넛(N ドーナツ, 162엔). 벌꿀, 딸기, 호박 등 여섯 종류의 맛이 있다. 커피와 함께 먹으면 금상첨화. 케이크는 종류도 많고 모두 맛있으니 취향대로 선택하면 된다.
여유가 된다면 최고급 일본차와 전통 과자를 코스로 맛볼 수 있는 콘셉트G(コンセプトG, 2430엔)도 추천하고 싶다. 모던한 분위기의 다실에서 디저트의 끝판왕을 맛볼 수 있다.

📍 가나자와 주유버스 히로사카 · 21세기 미술관 정류장에서 도보 6분
🍴 石川県金沢市出羽町2-1 石川県立美術館内
🕙 10:00~19:00 / 연중무휴
📞 076-204-6100
🏠 http://le-musee-de-h.jp

① 가나자와산 벌꿀을 듬뿍 넣어 만든 엔도넛. 달콤하고 부드럽게 씹히는 맛이 일품이다.
② 어떤 것을 골라도 실패하지 않는 뛰어난 맛을 자랑하는 케이크
③ 개별 다실에서 최고의 디저트 코스 요리를 맛볼 수 있는 콘셉트 G

파티세리 오후쿠
PATISSERIE OFUKU

1919년에 창업한 화과자 전문점 오후쿠켄(お婦久軒)을 이어받은 4대째 오너가 리뉴얼 오픈한 디저트 카페. 현재 오너인 니시카와 카이토(西川開人) 씨는 세계적인 호텔 체인 만다린 오리엔탈 도쿄에서 수석 파티셰를 역임할 정도로 실력파. 그가 직접 고안한 레시피로 만든 케이크는 모두 수준급이다.

아담한 규모의 가게 안으로 들어가면 진열대에 옹기종기 모여 있는 쇼트케이크, 타르트, 티라미수, 푸딩 등 다양한 종류의 디저트에 눈길을 빼앗긴다. 가격은 300~500엔대로 가성비가 뛰어난 편. 1층에서 선불로 주문을 하고 나선형 계단(몹시 가파르니 주의)을 올라 2층으로 가서 자리를 잡으면 음료가 마련되는 대로 가져다준다. 창가 자리에 앉으면 멋진 전망은 덤으로 얻을 수 있다. 따스한 햇살, 푸르른 나무, 미술관 옆 카페에서 즐기는 커피 한 잔과 케이크. 파티세리 오후쿠는 소소한 여행의 행복을 느낄 수 있는 멋진 곳이다.

- 가나자와 주유버스 히로사카 · 21세기 미술관 정류장에서 도보 2분
- 石川県金沢市広坂1-2-13
- 10:00~19:00 / 월요일, 화요일(격주) 휴무
- 076-231-6748

입구의 귀여운 간판

① 모모노바리바리 타르트(桃のパリパリタルト, 580엔). 파이와 복숭아의 조화가 실로 놀랍다. 복숭아 사이에 있는 부드러운 생크림은 신의 한수
② 슈 파리지엥(choux parisien, 195엔). 바삭한 식감의 빵과 농후한 맛의 슈크림이 잘 어울린다.

DAY TWO
09:20
18세기 일본 건축의 섬세한 기교를 엿보다

뒷문으로 나가면 곧바로 겐로쿠엔에 갈 수 있다.

세이손카쿠
成巽閣

1863년에 13대 번주 마에다 나리야스(前田斉泰)가 어머니의 은거를 위해 세운 건물. 건축 당시에는 다츠미고텐(巽御殿)이라고 부르다 나중에 세이손카쿠로 개정되었다. 관내로 들어가면 화려하면서도 섬세한 기교를 느낄 수 있는 창과 기둥, 격자무늬 천장 등 도쿠가와 막부의 비호를 받으며 영화를 누렸던 마에다 가문의 화려한 모습을 볼 수 있다. 그밖에 마에다 가문의 여성들에게 전해져 내려온 기모노와 장신구 등 유서 깊은 물건들도 전시되어 있어 함께 둘러보면 좋다. 에도시대 말기 다이묘 건축의 특징이 잘 드러나 있는 건물의 가치를 인정받아 1950년 중요문화재로 지정되었다.

- 가나자와 주유버스 히로사카 · 21세기 미술관 정류장에서 도보 8분
- 石川県金沢市兼六町1-2
- 09:00~17:00 / 수요일, 연말연시 휴무
- 700엔
- 076-221-0580
- www.seisonkaku.com

아름다운 정원을 바라보며 쉴 수 있는 툇마루

마에다 가문의 여성들이 입었던 기모노

DAY TWO
에도시대 정원을 걷는 즐거움

겐로쿠엔
兼六園

미토(水戶)의 가이라쿠엔(偕樂園), 오카야마(岡山)의 고라쿠엔(後樂園)과 함께 일본 3대 정원으로 손꼽히는 곳이다. 1676년에 5대 번주였던 마에다 츠나노리(前田 綱紀)가 가나자와성 외곽의 일부를 정비하면서 만든 것이 시초였으며, 13대 번주 마에다 나리야스(前田 斉泰)가 현재 모습으로 재정비했다. 겐로쿠엔이라는 이름을 붙인 것도 이 무렵이었다고 한다. 참고로, 겐로쿠엔이라는 이름은 이 정원이 여섯 가지의 뛰어난 모습(광대함, 한적함, 인공미, 고색창연, 풍부한 물, 아름다운 조망)을 지니고 있는데서 유래했다고 한다.
에도시대의 대표적인 정원 양식인 회유림천식(回遊林泉式)으로 만들어졌으며, 아름다운 꽃과 나무, 연못 등 다양한 풍경을 감상할 수 있어 사시사철 멋진 산책을 즐길 수 있다.

- 가나자와 주유버스 겐로쿠엔시타 · 가나자와조 정류장에서 도보 5분
- 石川県金沢市丸の内1-1
- 07:00~18:00(3월 1일~10월 15일), 08:00~17:00(10월 16일~2월 말일)
- 310엔
- 076-234-3800
- www.pref.ishikawa.jp/siro-niwa/kenrokuen

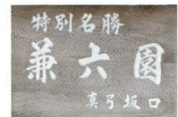

겐로쿠엔에는 두 가지 명물이 있는데, 하나는 겐로쿠엔의 상징적인 존재 고토지토로(徽軫灯籠). 겐로쿠엔을 소개하는 책자에 자주 등장하는 두 개의 다리를 가진 등롱으로, 수면을 비추기 위해 정원에 세워둔 것이다. 양쪽 다리는 원래 같은 길이였는데, 원인불명의 사고로 한쪽이 부러지면서 현재는 돌 위에 올려서 균형을 맞추고 있다. 또 하나의 명물은 에도시대 말기에 건설된 일본에서 가장 오래된 분수이다. 당시로서는 상당한 기술이 집약된 분수로, 높이 3.5m까지 물줄기를 뿜어 올린다. 다만, 실제 모습은 명물이라고 하기에는 다소 실망스럽다.

정원의 넓이는 약 35000평으로 봄에는 400여 그루의 각종 벚꽃이 만개하고, 가을에는 단풍이 특히 아름답다. 또, 겨울에는 나무를 눈으로부터 보호하기 위해 우산살 형태로 줄을 연결해 둔 유키즈리(雪吊)가 정취 있는 풍경을 연출한다. 유키즈리에 쌓여 있는 눈의 풍경은 겨울 가나자와의 대표 풍물이 될 정도로 독특한 모습이다. 매년 11월 1일 전후로 아름다운 설경을 감상할 수 있다.

① 눈부시도록 아름다운 겐로쿠엔의 설경 ⓒkanazawa city
② 겐로쿠엔의 상징 고토지토로
③ 일본에서 가장 오래된 분수

가나자와 명물 **노도구로 맛보기**

노도구로메시혼포 이타루
のど黒めし本舗 いたる

가나자와 명물 노도구로메시를 돌솥덮밥으로 맛볼 수 있는 음식점. 노도구로메시는 눈볼대라고 하는데, 기름기가 많고 고소해서 미식가들에게 인기가 높은 생선이다. 실내는 전형적인 이자카야 분위기지만, 대부분의 사람들은 이곳의 명물 메뉴인 노도구로메시(のど黒めし, 2800엔)를 먹기 위해 온다. 숯불에 구운 노도구로를 돌솥밥 위에 올린 것뿐인데, 바다와 숯불의 향이 어우러지면서 생선이 낼 수 있는 최고의 맛을 보여준다.

식사시간에는 대기가 많은 편이니 오픈 시간보다 조금 일찍 가는 것이 좋다. 직원들이 젊은 편이라 간단한 영어로 대화가 가능하고 영어메뉴판도 따로 준비해두어서 편한 마음으로 주문할 수 있다.

- 가나자와 주유버스 고린보 정류장에서 도보 7분
- 石川県金沢市柿木畠2-8
- 12:00~14:30, 17:30~21:00 / 일요일 휴무
- 076-233-1147

노도구로메시 맛있게 먹기
1. 그냥 먹는다. 입안에 넣으면 불맛이 살짝 나면서 부드럽게 녹아내린다. 기름지면서도 고소한 맛이 일품.
2. 참깨, 와사비, 쪽파를 적당히 넣고 잘 비벼먹는다. 노도구로의 풍미를 한층 더 끌어내는 맛
3. 오차즈케로 만들어먹는다. 녹차가 아니라 노도구로를 우려낸 국물을 주기 때문에 더 깊이 있는 맛을 느낄 수 있다.

① 에비스 생맥주(600엔). 부드러운 목넘김, 쓴맛이 전혀 없고 고소한 생맥주계의 황제
② 가나자와 명물 시로에비(白海老) 튀김 Deep fried white shrimp(800엔). 단짠의 절묘한 조화가 놀랍다. 맥주 안주로 최고의 궁합을 자랑한다.
③ 노도구로 오차즈케. 비린내가 1도 나지 않는 고소한 맛. 깨와 쪽파, 와사비를 적당히 섞으면 더 맛있다.
④ 노도구로 국물 양념을 가미한 폭신한 식감의 계란말이 Japanese style omelet(700엔). 입안에 넣으면 스르르 녹아내린다. 살짝 느끼할 때는 다이콘오로시(大根下ろし, 무즙)를 살짝 올려 먹으면 된다.

가나자와 인기 선물

여행을 마치고 귀국하기 전 날. 하나 둘 지인들의 얼굴이 떠오르면 가슴을 압박하는 고민거리가 생긴다. "선물을 사야 하나?" 받는 입장에서야 별다른 생각이 없겠지만, 현지에서 무얼 살지 고민해야 하는 입장이 되면 괴로워지기 시작한다. 그런 고민을 단숨에 해결해줄 수 있는 가나자와 베스트 선물을 알아보자.

1. 포키 Pocky
고로지마킨토키(五郎島金時)

일본 최고의 맛을 자랑하는 가나자와 고로지마킨토키산 밤고구마로 만든 포키. 몽블랑 케이크 같은 맛이 난다.

2. 가나자와 베이크드 도넛
金沢 BAKED DONUT

기름에 튀기지 않아 부드럽고 달콤한 맛이 일품. 후쿠오카 명물 하카타 도넛과 비교할 만하다.

3. 르 뮤제 드 아슈 Le Musee de H
오무기바우무 大麦バウム

가나자와 최고의 파티셰가 만든 바움쿠헨. 부드럽고 폭신한 식감이 예술이다.

4. 시로에비 센베이
白えびせんべい

가나자와의 이웃 동네인 도야마 특산물인 흰새우로 만든 과자. 맥주 안주로 최고다.

5. 고마츠 카부키 타비아루키
小松カブッキー旅あるき

남녀노소 모두 좋아하는 일본의 대표 과자 센베이. 딱 먹기 좋은 바삭한 식감, 적당하게 달아서 계속 손이 가게 된다.

6. 고고 카레
ゴーゴーカレー

가나자와 명물 블랙카레를 집에서도 맛볼 수 있다. 가게에서 먹었던 바로 그 맛이다.

7. 가나자와노츠키
金沢の月

금가루가 뿌려져 있는 폭신폭신한 스폰지케이크 안에 커스터드가 들어 있는 미니 빵

8. 푸딩 스위츠
Pudding sweets

푸딩 스위츠라는 이름처럼 부드러운 식감과 고급진 단맛이 어우러진 최고의 도넛

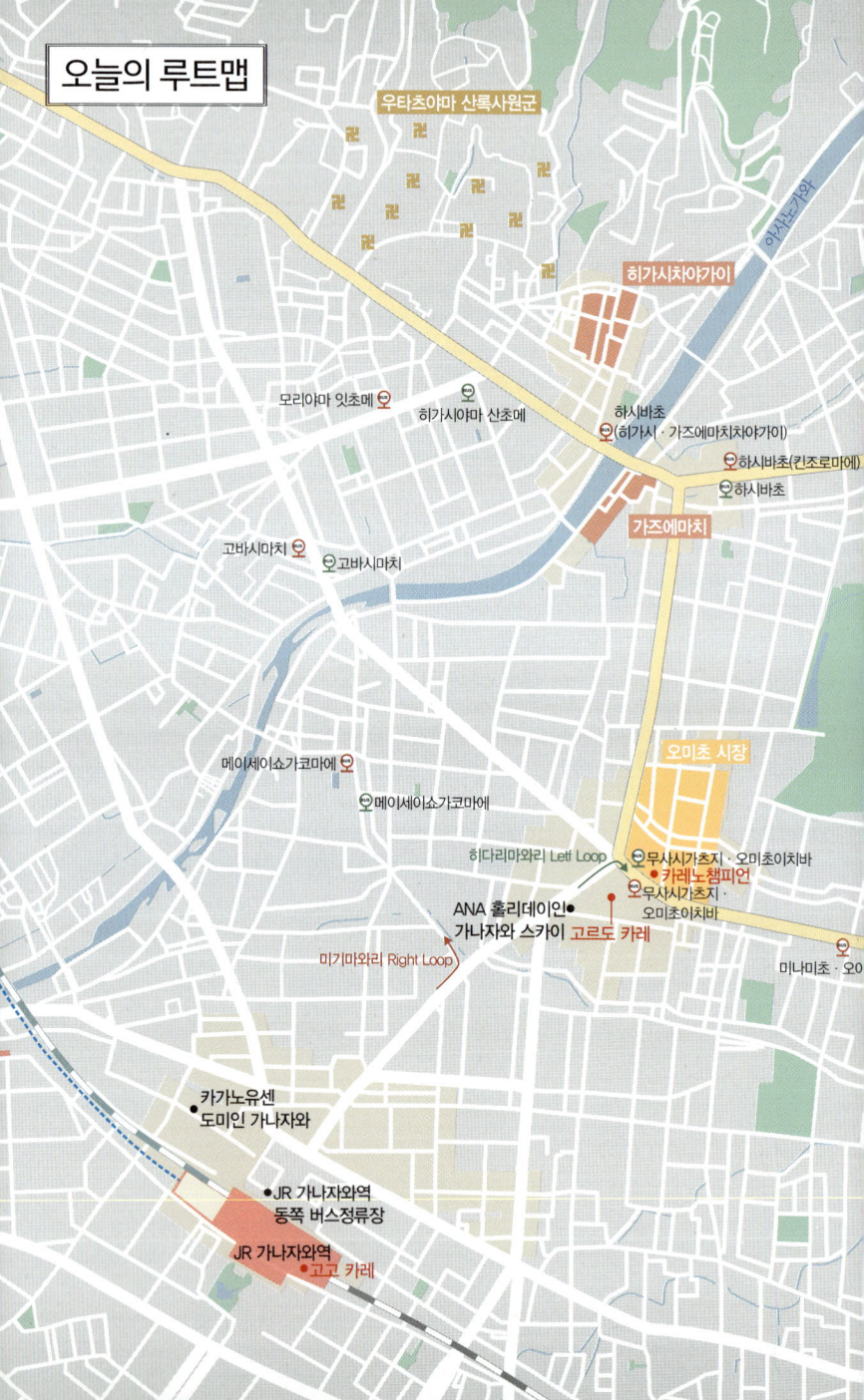

DAY THREE
09:00

분위기 좋은 카페에서 **품격 있는 아침**

히라미빵
ひらみぱん

분위기 있는 카페에서 맛보는 프랑스식 아침. 예쁜 상점이 많은 세세라기도리 끝자락에 있는 히라미빵은 프랑스 소도시를 떠올리게 하는 소박하고 여유 있는 분위기의 카페다. 복고풍 유리창, 약간은 투박한 테이블, 은은한 조명이 감각적으로 조화를 이루며 아늑한 분위기를 연출한다.

모닝 세트(1260엔)는 두 종류. 음료는 커피나 홍차 중에서 하나를 고르고 메인은 크로크마담(Croque madame)과 키슈(Quiche) 중에서 선택하면 된다. 샐러드는 메인 요리와 한 접시에 같이 나온다. 두 메뉴 모두 수준급이라 어느 쪽을 선택해도 후회하지 않을 것이다. 단, 주문을 받고 나서 만들기 때문에 15~20분 정도 느긋하게 기다리는 여유가 필요하다.

규모가 작은 데다 인기 있는 곳이라 기본 30분 대기는 필수다. 일찍 가지 못한다면 적어도 식사시간대는 피해서 가는 것이 좋다.

- 가나자와 주유버스 고린보 정류장에서 도보 6분
- 石川県金沢市長町1-6-11
- 08:00~11:00, 12:00~14:00, 14:00~16:00(카페), 18:00~22:30 / 월요일 휴무
- 076-221-7831
- www.hiramipan.com

분위기 있는 복고풍 메뉴판

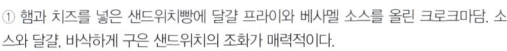

① 햄과 치즈를 넣은 샌드위치빵에 달걀 프라이와 베사멜 소스를 올린 크로크마담. 소스와 달걀, 바삭하게 구은 샌드위치의 조화가 매력적이다.
② 달걀과 생크림, 베이컨, 양파가 들어간 키슈. 타르트와 비슷한 식감이지만, 조금 더 부드럽다. 짭짤하고 달콤한 맛이 절묘하게 섞여 있다.

DAY THREE
00:00
에도시대로 떠나는 **과거 여행**

나가마치 무사 저택지
長町武家屋敷跡

에도시대 무사들이 살던 저택을 보존하고 있는 곳이다. 좁은 길을 따라 여유롭게 걸어가다 보면 흙으로 만든 담에 둘러싸인 무사들의 저택 약 20여 채가 줄지어 서 있는 풍경을 만날 수 있다. 에도시대 당시의 모습이 그대로 보존되어 있는 곳도 많아 독특한 분위기를 느낄 수 있는데, 대부분의 무사 저택은 지금도 그 자손들이 주거용으로 사용하고 있다.
거리를 대표하는 곳은 마에다 가문이 입성한 후 12대를 이어온 유서 깊은 노무라(野村) 가문의 저택인데, 내부를 일반에게도 공개하고 있다. 집안으로 들어가면 수령 400년 이상 된 정원수와 정원을 에워싸고 흐르는 물줄기, 다실 등 옛날 무사의 생활을 엿볼 수 있다. 그밖에도 다양한 볼거리가 있는 무사 주택이 몇 군데 더 있으니 산책 삼아 천천히 둘러보도록 하자.

- 가나자와 주유버스 고린보 정류장에서 도보 7분
- 石川県金沢市長町
- 076-232-5555
- www.nagamachi-bukeyashiki.com

무사 저택지 중간에 위치한 휴게관. 관내에는 마을 안내도와 주변 관광지 정보가 담긴 팸플릿 등을 얻을 수 있는 인포메이션 센터가 있다.

옛날 분위기가 물씬 풍기는 작은 골목길이 군데군데 펼쳐져 있다.

S P E C I A L

무사 저택지의 인기 볼거리

무사 저택지에 있는 집들은 대부분 실주거용이지만, 관광객에게 개방하고 있는 곳도 제법 많다. 집안으로 직접 들어가서 옛 무사들의 생활상을 체험해볼 수 있는 인기 저택을 소개한다.

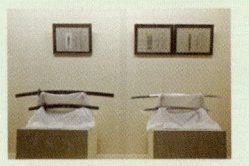

내부에는 노무라 가문에서 대대로 내려오던 다양한 물품도 전시하고 있다.

노무라 저택
野村家

아름다운 정원이 매력적인 고위 무사 저택. 카가 지방을 다스리던 마에다 영주의 지배 하에서 12대에 걸쳐 고위직을 역임한 유서 깊은 노무라 가문의 저택이다. 고관대작의 저택답게 기품이 넘치는 장식들과 노송나무로 만든 격자무늬 천장, 마에다 가문의 전속 화가가 그린 그림 등 다양한 볼거리가 있는데, 그중에서도 가장 인상적인 곳은 연못과 나무, 기암괴석으로 꾸며놓은 아름다운 정원. 툇마루에 앉아 연못을 유유히 헤엄치는 잉어들과 초록빛으로 물든 나무들을 보고 있노라면 여독이 순식간에 사라진다.
아기자기한 실내 구조와 건물과 정원의 조화가 멋들어진 노무라 저택은 미국의 정원 전문잡지가 2003년 처음으로 실시한 일본정원 랭킹에서 3위를 차지하기도 했다.

- 가나자와 주유버스 고린보 정류장에서 도보 5분
- 金沢市長町1-3-32
- 08:30~17:30(4월~9월), 08:30~16:30(10월~3월) / 12월 26, 27일 휴무
- 500엔
- 076-221-3553
- www.nomurake.com

아시가루자료관
足軽資料館

카가번의 하급무사 계급이었던 아시가루(足軽)가 살았던 주택을 관람할 수 있는 자료관. 그들의 생활과 역사에 대한 자료들을 전시하고 있다. 하급무사의 집인데도 내부로 들어가 보면 생각보다 규모가 커서 당시 카가번이 얼마나 풍족한 생활을 했는지 짐작할 수 있다.

- 가나자와 주유버스 고린보 정류장에서 도보 7분
- 石川県金沢市長町1-9-3
- 09:30~17:00 / 연중무휴
- 무료
- 076-263-3640

다카다 저택지
高田家跡

카가번의 중급무사였던 다카다 가문의 저택. 하급무사의 저택에 비해 훨씬 규모가 크고 부지 내에는 아기자기한 정원도 있었다. 지금은 대문과 나가야몬(長屋門, 본가를 둘러싼 나가야 중앙에 있는 문. 나가야에는 무사의 시중을 드는 하인들이 살았다)이 남아 있어 당시의 생활상을 엿볼 수 있다.

- 가나자와 주유버스 고린보 정류장에서 도보 6분
- 石川県金沢市長町2-6-1
- 09:30~17:00 / 연중무휴
- 무료
- 076-263-3640

DAY THREE

00:20

예쁜 상점 거리에서 **여유로운 산책**

세세라기도리
せせらぎ通り

화려한 고린보 뒤쪽에 있는 조용한 거리. 세세라기란 졸 졸 흐르는 소리를 뜻하는데, 이름 그대로 싱그러운 물소리를 들으며 여유롭게 산책을 즐길 수 있는 매력적인 길이다. 이곳을 흐르는 시냇물은 구라츠키요스이(鞍月用水)라 하며, 원래 수력을 이용하여 만든 관개용수였지만, 상점가로 개발이 되면서 이제는 훌륭한 관광자원으로 자리 잡고 있다. 시냇물 옆에는 아기자기한 숍과 음식점들이 있는데, 작고 귀여운 다리가 산책로와 연결되어 있어 유럽의 거리를 살짝 연상케 한다. 밤이 되면 가게들이 하나둘씩 불을 밝히고, 낮과는 또 다른 풍경을 보여준다. 아늑한 분위기의 선술집도 몇 군데 있으므로, 걷다가 술이 당기면 잠시 들러 일본의 술 문화를 체험해보자

📍 가나자와 주유버스 고린보 정류장에서 도보 3분
📌 石川県金沢市香林坊地内
📞 076-220-2310
🌐 www.seseragi-st.com/index.html

가로등과 상점가에 불이 들어오면 분위기가 사뭇 달라진다.

DAY THREE
02:00
가나자와 명물 카레를 맛보다

터번 카레 본점
ターバンカレー 本店

🗺 가나자와 주유버스 고린보 정류장에서 도보 4분
🍴 石川県金沢市広坂1-1-48 ウナシンビル 1F
🕐 평일 11:00~19:00, 토·일·휴일 11:00~16:00 / 연중무휴
📞 076-265-6617
🌐 www.turbancurry.com

1971년에 창업한 가나자와를 대표하는 카레 전문점. 터번 카레는 일명 블랙카레로 유명한데, 비법 카레 스파이스로 채소가 녹을 만큼 푹 끓여내기 때문에 일반 카레보다 풍미가 좋고 농후한 맛을 낸다. 카레만 먹어보면 살짝 짜다고 느낄 수 있지만, 채 썬 양배추, 돈까스와 함께 먹으면 딱 좋은 맛으로 변한다. 대표 메뉴는 두툼하고 부드러운 돈까스를 올린 로스카츠카레(ロースカツカレー, 중 780엔)지만, 조금 더 다양한 맛의 하모니를 느껴보려면 L세트(중, 880엔)를 주문하도록 하자. 육즙이 가득한 소시지와 햄버그, 돈까스 3종 세트는 블랙카레와 찰떡궁합이다.

대표 메뉴인 로스카츠카레

소시지, 햄버그, 돈까스 3종 세트가 모두 맛있는 L세트

SPECIAL

가나자와 카레의 매력에 풍덩

인구 10만 명당 카레 점포수가 가장 많은 곳으로 손꼽히는 도시 가나자와에는 전국적으로 유명한 카레 전문점이 여럿 있다. 터번 카레 포함 가나자와의 카레 4대 천왕이라 불리는 인기 카레 전문점을 둘러보자.

고고 카레
ゴーゴーカレー

터번 카레와 함께 가나자와 블랙카레의 양대 산맥. JR 가나자와역 안토에 있어 접근성이 뛰어난데, 그래서 이곳에서 내건 재미있는 캐치프레이즈가 있다. "고고 카레라면, 주문하고 55초 만에 제공!! 여기서 역 개찰구까지 55초 만에 도착!!" 5라는 숫자를 이용해서 절묘하게 라임을 맞춘 것(5는 일본어로 '고'). 젊은 감각의 카레 전문점답게 가게 분위기도 재미있는데, 특히, 한쪽 벽면을 가득 채운 킹콩 얼굴은 임팩트가 강렬하다.

고고 카레의 대표 메뉴 역시 로스카츠카레(ロースカツカレー, 중 800엔). 돈까스의 맛은 비슷하지만, 카레가 터번 카레보다 조금 더 자극적이라 매운맛을 좋아하는 사람에게는 이곳이 맞을 수 있다. 100엔을 추가하면 더 맵게도 가능하다.

가나자와 카레의 특징
1. 카레가 검고 진득하다.
2. 양배추 샐러드가 함께 나온다.
3. 스테인리스 접시에 담겨 나온다.
4. 포크나 스푼으로 먹는다.
5. 카레 위에 돈까스를 올리고 소스를 뿌려준다.
6. 밥이 거의 안 보일 정도로 카레를 듬뿍 뿌려준다.

📍 JR 가나자와역 햐쿠반가이 안토
🍴 石川県金沢市木ノ新保町1-1 金沢百番街 あんと
🕐 10:00~22:00 / 연중무휴
📞 076-256-1555

입구에서는 즉석카레를 판매하고 있다.

대표 메뉴 로스카츠카레

카레노챔피언
カレーのチャンピオン

가게 이름 그대로 챔피언이라는 말이 부끄럽지 않을 정도로 매력적인 카레의 맛을 즐길 수 있는 곳이다. 돈까스 카레를 대중화한 인물로 유명한 초대 사장 다나카 씨는 1961년 개업 당시부터 카레에 돈까스를 얹은 독특한 '카츠카레(カツカレー)'를 저렴한 가격으로 제공하여 큰 인기를 모았다. 지금도 그 명성을 이어받아 가나자와를 대표하는 카레 전문점 중의 하나로 자리를 잡고 있다. 대표 메뉴는 돈까스 토핑의 L카츠카레(Lカツカレー, M 790엔). 블랙카레는 아니지만 농후한 맛은 별반 다르지 않다. 다만, 터번 카레나 고고 카레보다는 조금 더 부드럽고 달콤하다

- 가나자와 주유버스 무사시가츠지·오미초이치바 정류장에서 도보 2분. 오미초 이치바칸 지하1층
- 石川県金沢市青草町88
- 11:00~20:00 / 연중무휴
- 076-255-2353
- http://chancurry.com

대표 메뉴 L카츠카레

입구 자판기에서 식권을 사가지고 가야 한다.

고르도 카레
ゴールドカレー

카레노챔피언과 어깨를 나란히 하는 카레 전문점. 이곳 역시 대표 메뉴는 바삭바삭하면서도 부드러운 돈까스와 카레가 어우러진 G카츠카레(Gカツカレー, M 800엔). 카레의 맛은 카레노챔피언과 비슷한데, 한 가지 다른 점은 미소시루와 함께 먹을 수 있다는 것. 가나자와 카레의 특징인 진득함이 때로는 물을 부르기도 하는데, 그때 미소시루가 의외로 잘 어울린다. 또 하나 고르도 카레의 인기 메뉴는 치즈를 곁들인 오므라이스와 카레의 조화가 매력적인 오무카레(オムカレー, M 700엔). 다른 카레 전문점에는 없는 고르도 카레만의 독특한 메뉴다.

대표 메뉴 G카츠카레

- 가나자와 주유버스 무사시가츠지·오미초이치바 정류장에서 도보 2분. 에무자 지하1층
- 石川県金沢市武蔵町15-1
- 11:00~21:00 / 연중무휴
- 076-234-0634
- www.gold-curry-honten.com

고르도 카레에서만 맛볼 수 있는 독특한 오무카레

DAY THREE

쇼핑몰로 가득한 가나자와 최고의 번화가

고린보
香林坊

가나자와 최고의 번화가. 다이와 백화점과 도큐스퀘어, 아트리오 등 대형 쇼핑몰과 다양한 명품매장이 늘어서 있어 수많은 쇼핑족들이 모여든다. 원래 고린보는 가나자와성과 가깝다는 지리적인 이점으로 에도시대부터 주변의 하시바초, 오와리초와 함께 상점가로 번영을 누렸는데, 1923년 가타마치(片町)에 미야이치 백화점이, 1930년에 무사시가츠지(武蔵ヶ辻)에 미츠코시 백화점이 생기면서 상대적으로 침체기를 맞게 되었다. 그러다 1986년 시가지 재개발 사업의 일환으로 다양한 상점들을 유치, 쇼핑몰과 명품매장이 생기고 호텔이 하나둘 들어서면서 다시 가나자와 최고의 번화가로 거듭나게 되었다. 주변에 21세기 미술관과 겐로쿠엔, 가나자와성 공원, 오야마진자 등 가나자와의 인기 명소가 도보 거리에 모여 있어 여행의 거점으로 삼으면 좋다.

가나자와 주유버스 고린보 정류장에서 바로
石川県金沢市香林坊

고급스러운 매장이 많은 아트리오

간식이 맛있기로 유명한 다이와백화점 지하 식품매장

도큐스퀘어에 있는 인기 생활잡화점 도큐핸즈

DAY THREE
09:00
젊음을 만끽할 수 있는 쇼핑 거리

다테마치 스트리트
タテマチストリート

가나자와에서 가장 감각적인 쇼핑 거리. 고린보를 둘러보고 가타마치 상점가로 가다가 가타마치 1초메에서 맥도날드 매장이 있는 왼쪽 거리로 들어서면 긴 머리, 짧은 치마를 입은 멋진 여성들, 세련된 복장으로 거리를 활보하는 옛지남들이 모여드는 매력만점의 쇼핑 스트리트, 다테마치 스트리트가 나온다.

가나자와 파티오처럼 제법 규모가 있는 쇼핑몰에서 아기자기한 숍까지 젊은 세대를 위한 아이템들이 즐비하게 늘어서 있다. 특히, 가나자와 파티오에는 우리나라에서도 인기가 많은 자라(ZARA), 100엔숍 세리아(Seria), 마니아 취향의 개성 넘치는 이색 서점 빌리지 뱅가드(Village Vanguard) 등 다양한 상점이 있어 재미있게 둘러볼 수 있다. 거리를 돌아다니다 보면 감각적인 인테리어의 가게를 많이 발견할 수 있어서 굳이 쇼핑을 하지 않더라도 눈이 즐거워진다. 총 길이가 500m 남짓이라 천천히 산책하듯 구경해도 30~40분이면 충분하다.

🚌 가나자와 주유버스 가타마치 정류장에서 도보 3분
📍 石川県金沢市竪町
🌐 www.tatemachi.com

① 독특한 콘셉트의 고슴도치 카페
② 가게 앞에서 돼지를 키우는 이색적인 이자카야 타부
③ 디데마치 스트리트의 입구에 있는 맥도날드 매장
④ 인기 있는 상점이 들어서 있는 가나자와 파티오

DAY THREE

전통 **일본 디저트의 진수**

츠보미
つぼみ

일본 전통 디저트 카페. 교토, 마츠에와 함께 일본 3대 화과자 생산지로 손꼽히는 가나자와에는 많은 전통 과자 전문점이 있는데, 츠보미는 특히 젊은 세대에게 인기가 높은 곳이다. 21세기 미술관과 다테마치 스트리트 옆의 좋은 입지, 전통을 고수하면서도 트렌드에 어울리는 맛을 찾아낸 것이 인기의 비결. 대표 메뉴는 전통 일본 디저트 구즈키리&아즈키젠자이 세트(くずきり＆あずきぜんざいセット, 1080엔). 구즈키리는 칡가루를 물에 녹여 익힌 후 얇고 넓적한 면으로 만들어 달콤한 시럽에 찍어 먹는 전통 디저트인데, 몰캉몰캉한 식감의 면과 시럽이 잘 어울리는 맛이다. 아즈키젠자이는 단팥죽의 일종으로 고급스러운 단맛이 일품. 여름이라면 말차빙수 맛차아즈키(抹茶小豆, 860엔)를 추천한다. 산처럼 쌓아올린 빙수에 쌉쌀한 말차 시럽을 부어가면서 먹으면 되는데, 빙수 안에 있는 단팥과 절묘하게 어울린다.
대기가 늘 있는 곳이니 가게에 도착하면 곧바로 대기자 명단을 적는 노트에 이름을 적도록 하자.

가나자와 주유버스 고린보 정류장에서 도보 7분
石川県金沢市柿木畠3-1
11:00~19:00 / 수요일 휴무
050-5872-8636
http://tsubomi-kanazawa.jp

얼음이 동동 떠있는 차가운 물에 담겨 나오는 구즈키리. 시럽은 츠보미의 명물 흑설탕으로 만들었는데 생각보다 달기 때문에 적당히 찍어먹어야 한다.

젠자이는 뜨거운 맛과 차가운 맛 중에서 고를 수 있다.

① 여성 손님이 많아 항상 무릎 덮개를 준비해두고 있다.
② 어마어마한 위용의 빙수. 말차 시럽을 잘 부어야 예쁜 모양을 유지하며 먹을 수 있다.

DAY THREE

재미있는 함정과 트릭을 구경하는 절

묘류지(닌자데라)
妙立寺(忍者寺)

데라마치사원군에 위치한 이색적인 절. 정식 명칭인 묘류지보다 닌자데라라는 이름으로 더 알려져 있는데, 그렇다고 닌자가 나오지는 않는다. 전쟁이 일어났을 때 사원을 근거지로 해서 적병을 막아내기 위해 절 안에 다양한 트릭과 함정을 설치해둔 것 때문에 닌자데라라는 이름이 붙은 것. 묘류지 관람은 가이드 한 명이 10명 정도의 팀을 이끌고 지정된 동선을 따라 이동하면서 20개의 특별한 볼거리에 대해 설명해주며 진행한다. 설명은 모두 일본어로 하는데, 외국인이라고 얘기하면 볼거리의 특징과 구조를 자세하게 설명한 가이드북을 준다. 한국어판도 있으니 관람을 시작하기 전에 꼭 부탁하도록 하자. 아쉬운 점은 함정과 트릭이 볼거리이기 때문에 관람 도중 사진촬영이 절대 안 된다는 것.

묘류지 관람은 100% 예약제이므로 갈 계획이 있다면 반드시 예약을 해야 한다. 단, 예약은 전화로만 가능하다.

- 가나자와 주유버스 히로코지 정류장에서 도보 5분
- 石川県金沢市野町1-2-12
- 09:00~16:30
- 1000엔
- 076-241-0888
- www.myouryuji.or.jp

① 안에서 설명을 다 들은 사람만 신기하게 볼 수 있는 계단과 문.
② 선물가게 옆에 있는 현장 예약을 할 수 있는 스피커. 버튼을 누르고 얘기하면 되는데, 영어도 웬만큼 통하니 망설이지 말고 물어보자.

역사 깊은 사원 골목 느긋하게 둘러보기

데라마치사원군

寺町 寺院郡

수십 개의 사원들이 모여 있는 작은 마을. 이곳에 있는 사원들은 대부분 마당 하나 그리고 본당 하나로 이루어진 소규모라 유적으로서의 가치는 상대적으로 떨어지지만, 사원마다 조금씩 다른 기와의 형태, 고즈넉한 분위기의 돌담, 경내의 작은 정원 등 아기자기한 볼거리를 찾아다니는 소소한 즐거움이 있다. 특정한 사원을 찾아다니면서 둘러보기보다는 여유 있게 산책하면서 풍경을 눈으로 보고 즐기는 것이 좋다. 대부분의 사원들이 일반 주택가 골목 사이에 있어서 다니다보면 아기자기한 가정집 풍경도 볼 수 있다.

가나자와 주유버스 히로코지 정류장에서 도보 3분
石川県金沢市寺町
076-232-5555(가나자와시 관광협회)

DAY THREE
00:20
가나자와 3대 찻집 거리

니시차야가이
にし茶屋街

가타마치 상점가의 끝자락에 있는 사이가와오하시(犀川大橋)를 건너서 조금만 더 걸어가다 오른쪽으로 발길을 돌리면 에도시대 분위기가 물씬 풍기는 예스러운 목조 건물들이 눈에 띈다. 이곳이 바로 히가사차야가이, 가즈에마치차야가이와 함께 가나자와 3대 찻집 거리로 알려진 니시차야가이다. 다만, 다른 두 곳에 비해 규모가 현저히 작아서 외관만 스윽 한 번 둘러보는 데는 10분도 채 걸리지 않는다. 그래도 아기자기한 볼거리가 있는 선물가게와 찻집, 음식점 등이 있어 가볍게 산책하고 쉬기에는 괜찮다. 거리 끝자락에는 옛날 찻집을 재현해놓은 니시차야자료관(西茶屋資料館, 무료)이 있다.

- 가나자와 주유버스 히로코지 정류장에서 도보 7분
- 石川県金沢市野町2
- 076-232-5555(가나자와시 관광협회)

DAY THREE
08:00

가나자와에서 가장 유명한 라멘 체인

하치방라멘
八番ラーメン

1967년 2월 11일 카가시 8번 국도 옆에 있는 논 한가운데에 허술한 점포 구조의 라면 가게가 개점했다. 볶은 채소가 한가득 올라가 있는 라멘의 평판은 굉장했고, 개점 초기부터 수많은 사람들이 줄을 서서 기다릴 정도로 인기를 얻었다. 50년이 지난 지금도 가나자와 사람들에게 물어보면 1순위로 추천하는 가게로 인정받고 있다. 가게 이름은 8번 국도에 있다고 해서 붙은 것. 대표 메뉴는 야사이라멘(野菜ラーメン, 560엔)으로 미소(味噌, 일본 된장), 시오(塩, 소금), 쇼유(醤油, 간장), 돈코츠(とんこつ, 돼지사골), 바타후미(バター風味, 버터) 5가지 베이스 중에서 하나를 고를 수 있다. 비빔면 스타일의 카라멘(唐麺, 630엔)도 별미.

가나자와 주유버스 가타마치 정류장에서 도보 5분
金沢市片町2-21-12 KDビル1F
11:30~다음날 6:00 / 연중무휴
076-232-1238
www.hachiban.co.jp

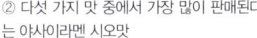

① 하치방라멘에서 개발한 특제 간장소스에 비벼먹는 카라멘
② 다섯 가지 맛 중에서 가장 많이 판매되는 야사이라멘 시오맛

DAY THREE
09:00
낮보다 밤이 화려한 쇼핑 거리

가타마치 상점가
片町商店街

낮과 밤의 모습이 180도 바뀌는 재미있는 상점가. 사이가와 오하시(犀川大橋)에서 도큐스퀘어까지 이어지는 도로 양 옆으로 아케이드 상가가 펼쳐져 있는데, 총 길이가 500m 정도라 천천히 산책하듯 풍경을 즐기며 걸어가면 된다. 낮에는 지나다니는 사람들이 별로 없기 때문에 최신 트렌드 숍과 가나자와의 전통 공예품을 취급하는 오래된 상점을 구경하면서 한가롭게 쇼핑을 즐길 수 있고, 밤에는 매력적인 밤문화를 즐길 수 있는 음식점과 술집, 바에서 식도락 여행을 즐길 수 있다. 도중에 콕 찍어서 둘러볼 만한 곳은 작은 상점들 사이로 우뚝 솟아 있는 대형 쇼핑몰 가타마치키라라(片町きらら). 여성패션 브랜드 H&M, 일본에서 인기 있는 브랜드 어번 리서치에서 론칭한 SENSE OF PLACE by URBAN RESEARCH, 스페인 패션 브랜드 Desigual 등 볼만한 매장이 제법 있다. 3층에는 없는 게 없는 생활잡화 매장 로프트가 있어 재미있게 둘러볼 수 있다.

📍 가나자와 주유버스 가타마치 정류장에서 바로
🏠 石川県金沢市片町
📞 076-232-0630
🌐 www.e-katamachi.com

① 가타마치 상점가에서 가장 큰 규모를 자랑하는 거대 쇼핑몰 가타마치키라라
② 가타마치 상점가 끝자락에 위치한 사이가와오하시
③ 유럽 패션 거리를 떠올리게 하는 세련된 분위기의 프레고, 패션매장, 레스토랑, 카페 등이 있다.

KANAZAWA COLUMN

윤봉길 의사 암장지

"장부가 집을 떠났다면 뜻을 이루기 전에는 살아 돌아오지 않겠다."

윤봉길 의사가 상하이로 떠나면서 남긴 말이다. 여행을 떠났다면 뭐라도 가치 있는 것을 보아야 하지 않을까 하는 마음에 윤봉길 의사 암장지를 찾아보았다. 암장지는 가나자와시의 남동부, 마에다 가문의 역대 번주와 가족들의 묘지가 있는 노다야마 구릉지 한쪽에 쓸쓸히 자리하고 있었다.

윤봉길 의사는 1932년 4월 29일 세계를 놀라게 한 상하이 훙커우 공원 의거의 주인공으로, 일왕 탄생일을 기념하기 위해 공원에 모인 일본군과 정부 고관들에게 폭탄을 투척하여 침략의 원흉들을 폭살하였다. 윤 의사는 현장에서 바로 체포되었고, 당시 일본군 상하이 파견군의 주력부대였던 제9사단의 본거지 가나자와로 연행된 후 군사재판을 통해 처형되어 노다야마에 헌신짝처럼 버려지고 말았다.

이러한 사실은 광복 전까지 계속 드러나지 않고 있다가 윤 의사의 유해 발굴에 노력을 아끼지 않았던 독립운동가와 재일교포의 집념 덕분에 만천하에 알려졌다. 그리고 1946년 윤 의사의 유해는 우리나라로 반환되어 국민장을 치를 수 있게 되었다.

이후에도 윤 의사 유해 발굴과 보존에 평생을 바친 의로운 분들이 이곳 암장지에 비석을 세우고 계속해서 항쟁을 했다. 그 분들의 힘겨운 노력 끝에 1992년 가나자와시는 윤 의사의 암장지를 영구 무상 임대지로 승인하였고, 재일본 대한민국 민단이 중심이 되어 윤봉길 의사 순국기념비도 세울 수 있게 되었다.

암장지에는 향을 피우고 묵념할 수 있는 도구와 방명록이 있으니 고맙고 미안한 마음을 담아 정성껏 기도를 드리고 오자.

위인의 업적은 누구나 기억하지만, 사후의 일은 대부분 모르고 지나간다. 이왕 가나자와 여행을 떠난다면 시간을 내어 꼭 둘러보고 그의 위대한 삶을 되새김할 수 있는 시간을 가졌으면 하는 바람이다.

단, 찾아가는 방법이 쉽지 않다. JR 가나자와역 10번 버스정류장에서 노선버스를 타고 노다(野田) 정류장에서 내린 후 걸어가면 되는데, 공원묘지가 넓고 복잡해서 헤매기 십상이다. 이시카화현 전몰자묘지(石川県戦没者墓苑)를 구글맵(36.530188, 136.662070)에 찍고 가다 보면 윤봉길 의사 암장지로 가는 표지판이 보인다.

암장지에서 조금만 더 가면 깨끗하게 관리하고 있는 순국기념비가 나온다.

에도 시대 정취를 만끽하는 리틀 교토

다카야마 高山

일본의 알프스라 불리는 산악지대의 빼어난 경관, 에도 문화와 교토 문화가 적절히 융합된 독특한 문화. 연중 수많은 관광객이 찾는 다카야마는 리틀 교토라는 별칭이 어울리는 매력 넘치는 소도시다. 일본 3대 소고기로 유명한 히다규, 미타라시당고 등 특색 있는 음식도 많아 먹방 여행지로도 손색이 없다.

HOW TO GO

다카야마까지는 고속버스를 이용하는 것이 편리하다. 가나자와역 동쪽 출구 주변에 있는 호쿠테츠에키마에센터(北鉄駅前センター)에서 예약 후 2번 정류장에서 탑승하면 된다. 다카야마까지는 약 2시간 20분이 소요되는데, 시간대에 따라 도중에 시라카와고를 경유하는 고속버스도 있다. 요금은 편도 3390엔, 왕복 6070엔. 워낙 인기 있는 여행지라 돌아오는 버스편이 매진될 수도 있기 때문에 고속버스 예약은 무조건 왕복으로 하는 것이 좋다. 쇼류도패스를 가지고 있으면 무료로 이용할 수 있지만, 역시 예약은 필수. 고속버스 시간은 호쿠테츠 홈페이지(www.hokutetsu.co.jp)에서 확인할 수 있다.

전화 예약 076-234-0123
인터넷 예약 https://secure.j-bus.co.jp/hon

① 가나자와 주변 여행지로 떠나는 고속버스를 예매할 수 있는 호쿠테츠에키마에센터
② 다카야마로 가는 고속버스는 가나자와역 2번 정류장에서 타면 된다.

HOW TO TRAVEL

다카야마에 도착하면 여행을 시작하기 전에 JR 다카야마역 앞에 있는 여행안내소에 들러 다카야마 관광지도를 얻도록 한다. 주요 명소는 모두 도보로 둘러볼 수 있는 거리에 있지만, 미리 위치를 확인하고 대략적인 동선을 머릿속으로 그려본 후 출발하는 것이 좋다. 도중에 점심식사를 하고 천천히 마을 전체를 둘러보는 데는 4~5시간 정도 잡으면 된다. 여행을 마치고 돌아갈 때는 JR 다카야마역 옆에 있는 다카야마노히 버스센터(高山濃飛バスセンター)로 가서 목적지인 가나자와가 표시되어 있는 승강장 번호를 확인하고 버스를 기다리도록 하자.

① 다카야마 여행의 출발점 여행안내소
② 다카야마노히 버스센터 승강장. 가나자와는 4번 승강장에서 타면 된다.

DAY PLUS

다카야마 인기 명소 둘러보기

후루이 마치나미
古い町並

다카야마의 대표하는 명소. JR 다카야마역을 등지고 10분 정도 걸어가면 시내 중심부를 동서로 가르는 미야가와(宮川)가 나오고, 다리를 건너면 옛 풍경이 그대로 남아 있는 100년 이상 된 건물들이 거리 양쪽으로 늘어서 있는 고색창연한 거리를 만날 수 있다. 거의 모든 여행자가 이곳을 보기 위해 다카야마를 방문한다고 해도 과언이 아니다. 후루이 마치나미는 오래된 마을의 모습이라는 뜻으로, 크게 이치노마치(一之町), 니노마치(二之町), 산노마치(三之町) 세 구역으로 나눌 수 있는데, 에도시대의 집들이 가장 많이 남아 있는 곳은 산노마치다. 소고기초밥 히다규니기리스시, 고로케, 미타라시당고 등 다카야마의 명물 먹거리도 이곳에 모여 있어, 하나씩 맛보면서 거리를 구경하면 최고의 다카야마 여행을 즐길 수 있다.

JR 다카야마역에서 도보 13분
岐阜県高山市上三之町
0577-32-3333
http://kankou.city.takayama.lg.jp

붉은색 난간이 독특한 나카바시. 이 다리를 건너면 산노마치로 이어진다.

① 다카야마 명물 미타라시당고. 짠맛이 강한 편이라 우리나라 여행자에게는 맞지 않을 수 있다.
② 짭짤하고 달콤한 맛이 일품인 고헤이모치. 〈너의 이름은〉에서 맛있게 먹는 모습이 소개되면서 다카야마 필수 간식이 되었다.

다카야마 도심을 동서로 가로지르는 야스가와도리 북쪽에 위치한 니노마치. 주택가 사이사이에 옛 건물들이 들어서 있어 산노마치와는 또 다른 풍경을 보여준다.

미야가와 아사이치
宮川朝市

노토반도 와지마 아침시장, 요부코 아침시장과 함께 일본 3대 아침시장으로 유명한 곳이다. 미야가와 강변에 50여 개의 점포가 늘어서 있는데, 채소와 과일, 특산품, 장신구 등 다양한 물품을 좌판에 늘어놓고 손님들을 불러 세운다. 점포는 대부분 현지 주민들이 운영하고 있어 소박하면서도 시끌벅적한 시골 장터의 매력을 느낄 수 있다. 아침시장이라 11시쯤이면 상점들이 하나둘씩 철수하기 때문에 다카야마에 도착하면 가장 먼저 둘러봐야 한다.

- JR 다카야마역에서 도보 15분
- 岐阜県高山市下三之町
- 4월~10월 06:00~12:00, 11월~3월 07:00~12:00
- 0577-32-3333

① 거리 곳곳에서 서양 여행자를 흔하게 볼 수 있다.
② 히다의 상징 사루보보 이미지가 들어있는 카스테라 만주. 사루보보는 행복한 아기 원숭이란 뜻으로 아기가 건강하고 행복하게 자라길 기원하는 마음으로 만든 캐릭터다.

다카야마진야

高山陣屋

현존하는 유일한 에도시대 관청으로, 1692년부터 1969년까지 주요 업무인 재판과 납세 관리를 비롯한 다양한 행정 업무를 실제로 했던 곳이다. 다카야마는 풍부한 산림자원과 금, 은, 구리 등의 지하자원이 풍부해서 에도 막부의 경제적인 기반을 지탱해왔다. 그래서 진야의 규모도 다른 곳보다 큰 편이었다. 부지 내에는 관청뿐만 아니라 관리의 저택, 공물을 수납하던 창고까지 있어 실제로 둘러보면 생각보다 큰 규모에 놀라게 된다. 미쉐린 그린가이드 재팬에서 별을 두 개나 받았을 정도로 입장료가 아깝지 않은 볼거리.

- JR 다카야마역에서 도보 7분
- 岐阜県高山市八軒町1-5
- 3월~10월 08:45~17:00, 11월~2월 08:45~16:30 / 12월 29일 · 31일, 1월 1일 휴무
- 430엔
- 0577-32-0643

히에진자
日枝神社

애니메이션 영화 〈너의 이름은〉에 배경으로 나온 신사. 중심 명소에서 한참 떨어진 곳에 있어 일반 관광객은 별로 없지만, 애니메이션을 재미있게 본 사람들이 성지순례 여행을 다녀오면서 알려지게 되어 찾는 여행자들이 늘어나고 있는 추세다. 흔히 영화에서는 실물보다 훨씬 더 멋있게 나오기 때문에 실제로 배경지를 찾아갔을 때 실망하는 경우가 많은데, 히에진자는 영화 못지않게 괜찮은 풍경을 보여주는 곳이다. 하늘 높이 시원하게 뻗어 있는 삼나무, 이끼가 살짝 낀 고즈넉한 분위기의 석등, 영화에서 나온 붉은색 도리이 등 곳곳에 볼거리가 산재해 있다. 특히, 천연기념물로 지정된 높이 39m, 둘레 7m의 거대한 삼나무는 추정 수령 1000년이 넘는 쉽게 볼 수 없는 명물이다.

- JR 다카야마역에서 도보 25분
- 岐阜県高山市城山156
- 24시간
- 0577-32-0520

영화에서 나온 구도로 붉은색 도리이 사진을 찍어보자.

가까이서 보면 엄청난 크기의 삼나무

히다코쿠분지

飛騨国分寺

무로마치시대(1336~1573)에 건립된 고찰. 오랜 역사에 비해 경내 규모는 크지 않지만, 중요문화재로 지정되어 있는 본당과 종루문, 삼중탑 등 가치 있는 문화유산과 수령 1200년이 넘은 은행나무가 있어 한 번 둘러볼 만하다. 특히, 일본의 천연기념물로 지정되어 있는 은행나무는 높이 약 28m, 둘레 약 10m의 크기로, 바로 옆에서 보면 어마어마한 규모에 놀라게 된다.

- JR 다카야마역에서 도보 7분
- 岐阜県高山市総和町1-83
- 09:00~16:00
- 경내 무료(본당 보물전 300엔)
- 0577-32-1395
- http://hidakokubunji.jp

① 수령 1200년의 은행나무
② 아즈치 모모야마시대(1573~1603)에 만든 종루문. 범종은 1761년에 주조한 것이다.
③ 히다 지역의 유일한 불탑으로 알려져 있는 삼중탑

DAY PLUS

다카야마의 명물 맛집

히다콧테규
飛騨こって牛

다카야마에서 가장 인기 있는 맛집. 메뉴는 달랑 소고기 스시 4종류에, 가격은 비싸고 오로지 테이크아웃 판매만 하지만, 가게 앞에는 맛을 보기 위해 기다리는 사람들로 언제나 장사진을 이룬다. 이유는 일본 3대 소고기로 유명한 히다규로 만든 스시이기 때문. 가게 앞에는 히다규 육질 5등급이라는 증서를 붙여두었는데, 5등급이면 우리나라의 1++등급에 해당하는 것이다. 4종류의 스시는 각각 A 히다규 니기리즈시(飛騨牛にぎり寿司, 2개 600엔), B 히다규 군함말이(飛騨牛軍艦, 2개 700엔), C 산슈모리(三種盛り, 3개 900엔), X 프리미엄 히다규 토로사시니기리(飛騨牛とろさしにぎり, 2개 900엔) 로 나눈다. 가장 인기 있는 메뉴는 세 가지 스시를 함께 맛볼 수 있는 C 산슈모리. 직접 만든 센베이 위에 올려주는데, 최고 등급의 소고기답게 입에 넣자마자 살살 녹는 절묘한 맛이다.

- JR 다카야마역에서 도보 15분
- 岐阜県高山市上三之町34
- 10:00~17:00 / 연중무휴
- 0577-37-7733
- http://takayama-kotteushi.jp

① 일본 소고기의 최고 등급인 육질 5등급 증서
② 줄이 2중, 3중으로 길어지면 마지막 줄에 안내판을 설치한다.
③ 세 가지 스시를 함께 맛볼 수 있는 메뉴 C 산슈모리

사카구치야
坂口屋

명물 히다규와 다카야마라멘을 합리적인 가격으로 맛볼 수 있는 대중음식점. 다분히 관광객 위주의 가게지만 메이지 23년(1890년) 창업이라는 오랜 역사 하나만으로도 한 번 가볼 만한 가치가 있는 곳이다. 안으로 들어가면 생각보다 규모가 큰데, 고즈넉한 실내 분위기에서도 세월의 흔적을 엿볼 수 있다. 대표 메뉴는 히다규 스테키동(飛騨牛ステーキ丼, 1700엔). 일본 3대 소고기로 만든 스테이크답게 사르르 녹는 맛이 일품이다. 다카야마 명물인 라멘(ラーメン 半, 480엔)도 경험 삼아 먹어볼 만하다. 쇼유(간장) 베이스 육수에 고명은 차슈, 반숙계란, 파가 전부지만, 산뜻하면서도 깔끔하다. 다만, 국물이 좀 짠 편이라 저염식으로 먹는 사람 입맛에는 맞지 않을 수 있다.

- JR 다카야마역에서 도보 15분
- 岐阜県高山市上三之町90
- 10:30~15:00 / 화요일 휴무
- 050-5872-9287
- www.hidatakayama-sakaguchiya.com

① 미디움레어로 구운 히다규 스테키동
② 미니사이즈의 라멘. 가볍게 맛을 경험해보기에 딱 좋은 크기다.
③ 사카구치야에서도 히다규 스시를 맛볼 수 있다.

쥬게무
じゅげむ

다카야마 전통 거리를 걷다보면 한 손에는 꼬치구이, 한 손에는 고로케를 들고 있는 사람들을 곳곳에서 만날 수 있다. 십중팔구는 쥬게무를 들른 사람들이다. 가게 안쪽으로 들어가면 인상 좋은 아저씨가 현란한 손놀림으로 소고기 꼬치를 굽고 있는 모습을 볼 수 있다. 바로 명물 히다규 꼬치구이 시모오리(霜降り, 500엔). 초벌구이 꼬치를 즉석에서 한 번 더 구워서 내주는데, 한 번 씹으면 짭짤한 육즙이 터져 나오고 두 번 씹으면 입안에서 녹아내린다. 바삭바삭 달콤 고소한 히다규 고로케(飛騨牛コロッケ, 200엔)도 강추.

📍 JR 다카야마역에서 도보 15분
🗾 岐阜県高山市上三之町72
🕘 09:00~17:00 / 부정기 휴무
📞 0577-34-5858
🔗 http://j47.jp/jyugemu

❶

❷

① 히다규 꼬치구이 시모오리는 맥주를 부르는 맛이다.
② 배불리 밥을 먹은 후에도 맛있게 먹을 수 있는 히다규 고로케

차노메
茶乃芽

생과일주스와 말차가 맛있는 카페. 외관은 전통 거리와 어울리는 고풍스런 분위기인데, 실내는 감각적인 인테리어가 돋보이는 현대식이다. 메뉴 또한 말차를 기본으로 커피, 주스, 파르페 등 현대식 카페 메뉴를 접목한 퓨전 스타일이다. 차노메에서 꼭 마셔봐야 하는 인기 메뉴는 프로즌 오리지널 주스 (400엔). 우유가 들어간 믹스 프루츠(ミックスフルーツ), 망고 주스와 딸기의 조화 믹스 베리 망고(ミックスベリーマンゴー), 망고 주스와 달콤한 귤의 하모니 망고 미캉(マンゴーみかん), 우유를 넣은 딸기 이치고미루쿠(いちごみるく) 등 여러 가지 종류가 있으니 입맛대로 골라 주문하면 된다. 또 하나의 명물 메뉴는 귤 하나를 통째로 얼린 마룻포미캉(まるっぽみかん, 100엔).

- JR 다카야마역에서 도보 15분
- 岐阜県高山市上三之町83
- 09:00~17:00 / 연중무휴
- 0577-35-7373

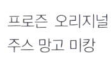

달콤한 귤을 통째로 얼린
마룻포미캉

프로즌 오리지널
주스 망고 미캉

마을 전체가 세계문화유산

시라카와고 白川郷

예부터 폭설이 많았던 지역적 특색 때문에 눈의 무게를 견딜 수 있도록 지붕을 가파르게 만든 '갓쇼즈쿠리'라는 독특한 지붕을 가지고 있는 전통 가옥들이 모여 있는 마을. 동화 속에 나올법한 아름다운 풍경과 독특한 문화, 건축 덕분에 마을 전체가 유네스코 세계문화유산으로 지정되어 있다.

HOW TO GO

시라카와고까지는 고속버스를 이용해서 편하게 갈 수 있다. 다카야마행 고속버스와 같은 노선을 공유하기 때문에 다카야마를 갈 때와 마찬가지로 가나자와역 동쪽 출구 옆에 있는 호쿠테츠에키마에센터(北鉄駅前センター)에서 예약 후 2번 정류장에서 탑승하면 된다. 소요시간은 약 1시간 10분, 요금은 편도 1850엔, 왕복 3290엔이다. 시라카와고 역시 인기 있는 여행지라 돌아오는 버스편이 매진될 수도 있기 때문에 고속버스 예약은 무조건 왕복으로 하는 것이 좋다. 쇼류도패스를 가지고 있으면 무료로 이용할 수 있지만, 역시 예약은 필수. 고속버스 시간은 호쿠테츠 홈페이지(www.hokutetsu.co.jp)에서 확인할 수 있다.

전화 예약 076-234-0123
인터넷 예약 https://secure.j-bus.co.jp/hon

HOW TO TRAVEL

시라카와고에 도착하면 일단 버스터미널 내에 있는 관광안내소에서 마을 지도를 얻도록 하자. 축적이 이상하긴 하지만, 한글 지도이고 주요 명소가 자세하게 표시되어 있어 여행을 즐기는데 큰 문제는 없다. 본격적으로 마을을 산책하기 전에 먼저 해야 할 일은 전망대에 올라 마을 전체 풍경 감상하기. 늦게 가면 사람들이 많아지기 때문에 제대로 구경하기 힘들 수도 있다. 버스터미널에서 전망대까지는 1km 정도로 멀지는 않지만, 오르막길이라 생각보다 힘이 많이 든다. 올라갈 때는 전망대 셔틀버스(200엔)를 이용하는 것이 좋다. 내려올 때는 시원한 바람을 맞으며 위치에 따라 시시각각 변하는 마을 풍경을 감상하며 걷도록 하자. 시라카와고는 큰 마을이 아니라서 쉬엄쉬엄 걸어 다녀도 2시간이면 충분히 둘러볼 수 있다. 콕 집어서 봐야할 특별한 명소가 있는 것도 아니니 아름다운 풍경을 하나하나 눈에 담고, 맛있는 명물 먹거리를 먹고, 버스 시간에 맞춰 여유 있게 돌아다니면 된다.

홈피 http://shirakawa-go.org

① 전망대 셔틀버스
② 다양한 언어로 만든 마을 지도

공터에 긴 의자 하나와 셔틀버스 시간표를 세워둔 썰렁한 전망대 셔틀버스 정류장. 시라카와고 버스터미널에서 마을 쪽으로 3분 정도 걸어가면 왼쪽으로 보인다.

DAY PLUS

시라카와고 인기 명소 둘러보기

천수각 전망대와(좌) 오기마치성터 전망대(우)의 멋진 조망. 보이는 풍경이 살짝 다르다.

시로야마 천수각 전망대
城山天守閣展望台

"Beautiful!" "La classe!" "Wie schön!" 시라카와고 여행의 백미, 전망대에 오르면 여기저기에서 감탄사가 빗발친다. 우리나라에는 아직 소개가 많이 되지 않았지만, 서양인들 사이에서는 2~3년 전부터 일본 최고의 인기 여행지로 급부상하고 있는 시라카와고. 시로야마 천수각 전망대는 아름다운 시라카와고 마을의 전체 풍경을 한눈에 볼 수 있는 매력적인 곳이다. 원래는 이곳에 있는 천수각이라는 음식점에서 관리하는 곳인데, 관광객들을 위해 무료로 개방하고 있다.

천수각 전망대 주차장을 지나 조금 더 가면 오기마치성터(荻町城跡)가 나오는데, 이곳에도 전망대가 있다. 풍경이 조금 다르므로 양쪽을 다 가보는 것이 좋다. 오기마치성터 전망대까지 둘러봤다면 본격적인 마을 산책을 위해 내려가면 된다. 천천히 경치를 구경하면서 걸어가면 10~15분 만에 마을에 다다른다.

📍 시라카와고 버스터미널에서 도보 25분
🏠 岐阜県大野郡白川村大字荻町889

전망대에서 마을로 내려가는 길. 표지판이 있어 쉽게 찾아갈 수 있다.

오기마치성터에 있는 세계문화유산 기념비

내려가는 길 도중에도 시시각각 변하는 멋진 풍경을 즐길 수 있다.

시라카와고 마을 산책

시라카와고는 마을 전체가 동화 속 테마파크처럼 아기자기한 볼거리가 많은 곳이다. 한적한 농가, 골목길 옆을 지나는 맑은 수로, 예쁘게 장식한 꽃, 영롱한 초록빛의 논과 밭. 이 모든 것이 아름다운 전통 주택과 어우러져 그림 같은 샷을 연출한다. 굳이 무언가를 보기 위해 찾아다니기보다는 발길 닿는 대로 눈길 닿는 대로 있는 그대로의 분위기를 즐기면 된다. 산책을 하다가 눈에 띄는 예쁜 가게가 있으면 들어가 보고, 맛있는 냄새가 나면 어떤 간식을 파는지 먹어보고, 분위기 좋은 카페가 있으면 들어가서 차 한 잔의 여유를 만끽해보자.

시라카와카이도 白川街道

버스터미널에서 시작해서 마을을 남북으로 가로지르는 메인 스트리트. 맛있는 시라카와고 명물 먹거리를 맛볼 수 있는 음식점과 지역 한정 특산품을 판매하는 선물 가게, 차 한 잔의 여유를 즐길 수 있는 카페 등이 있어 언제나 많은 사람들로 북적거린다. 시라카와카이도를 기준으로 동쪽에는 수많은 갓쇼즈쿠리 가옥이 아름답게 늘어서 있고, 서쪽에는 주로 갓쇼즈쿠리 형태의 숙소가 모여 있다.

갓쇼즈쿠리 가옥 合掌造り集落

단순히 아름답다는 표현보다는 인간의 경이로움을 느낄 수 있는 일본의 전통 가옥이다. 매년 폭설이 쏟아지는 척박한 환경 속에서 살아남기 위해 생각한 것이 갓쇼즈쿠리(合掌造り). 지붕의 모습이 합장하고 있는 것처럼 보인다고 해서 붙은 이름이다. 눈이 쌓이지 않도록 지붕을 급경사로 만드는데, 보통 45도에서 60도까지 집집마다 기울기는 조금씩 다르다. 현재 마을 전체에 114동이 남아 있는데, 일부는 상점이나 음식점으로 개조를 하기도 했지만 여전히 많은 주민들이 실제로 생활을 하고 있다.

묘젠지 고리향토관 明善寺 庫裡郷土館

에도시대 말기 1817년에 지은, 마을에서 가장 규모가 큰 갓쇼즈쿠리 가옥. 묘젠지는 시라카와고에 있는 사원 중에서 시주하는 사람이 가장 많았던 곳이라고 한다. 그래서 주지와 가족들이 살았던 고리향토관도 규모가 클 수밖에 없었던 것. 밖에서 보기에도 크지만 실내로 들어가 보면 압도적인 규모에 놀라게 된다. 웬만한 빌라 한 동과 맞먹는 크기.

- 시라카와고 버스터미널에서 도보 12분
- 岐阜県大野郡白川村荻町679
- 4~11월 08:30~17:00, 12~3월 09:00~16:00
- 300엔

와다케 和田家

버스터미널에서 시라카와카이도를 따라 도보 약 3분 거리에 있는, 시라카와고를 대표하는 갓쇼즈쿠리 양식의 저택. 직접 들어가서 집 구조가 어떻게 생겼는지 눈으로 보면서 체험해볼 수 있는데, 300년이란 오랜 역사가 믿기지 않을 정도로 관리를 잘 해서 내부는 의외로 깔끔하다. 현재 국가 지정 중요문화재로 지정되어 있다.

- 시라카와고 버스터미널에서 도보 3분
- 岐阜県大野郡白川村荻町997
- 09:00~17:00
- 300엔

갓쇼즈쿠리 민가원 合掌造り民家園

시라카와고 마을의 역사와 문화를 배울 수 있는 다양한 자료와 갓쇼즈쿠리 양식의 저택을 체험해볼 수 있는 야외박물관. 기후현 지정 중요문화재 9동을 비롯, 총 26동의 갓쇼즈쿠리 저택을 전시하고 있다. 메인 스트리트의 서쪽 대로인 니시도리(西通り) 끝자락에 있는 데아이바시(であい橋, 만남의 다리)를 건너가면 왼쪽 편으로 보인다.

- 시라카와고 버스터미널에서 도보 20분
- 岐阜県大野郡白川村荻町2499
- 3~11월 08:40~17:00, 12~3월 09:00~16:00
- 600엔

DAY PLUS

시라카와고의 명물 맛집

오츄도
落人

인기 만화 〈원피스〉의 작가 오다 에이치로가 방문하고 너무나 마음에 들어 566화 권두페이지 배경으로 삼았을 정도로 매력적인 곳. 현지에서는 워낙 유명한 곳이라 가게 주변에는 그림을 그리거나 사진을 찍는 사람들로 항상 북적거린다. 외관도 멋지지만 실내 또한 매력 넘치는 분위기. 일본의 풍정을 느낄 수 있는 이로리(囲炉裏) 옆에서 커피를 마시는 모습은 그대로 그림이 된다. 인기 메뉴는 카레라이스 세트(1300엔). 살짝 매콤한 맛의 카레라이스와 커피, 젠자이가 함께 나오는 환상 콤보다. 한 가지 아쉬운 점은 정해진 휴무일이 없어서 헛걸음을 할 수도 있다는 것.

- 시라카와고 버스터미널에서 도보 11분
- 岐阜県大野郡白川村荻町792
- 10:30~17:00 / 부정기 휴무
- 090-5458-0418

테우치소바도코로 노무라
手打ちそば所 乃むら

시라카와고에 있는 여러 소바 전문점 중에서 현지인들의 평가가 가장 높은 곳. 직접 갈아 만든 메밀가루를 사용하는데, 수타면이라 생각보다 면발이 쫄깃하다. 카츠오부시로 맛을 낸 국물도 시원하고 깔끔한 맛. 메뉴는 츠유에 찍어먹는 모리소바(もりそば, 850엔)와 국물이 맛있는 카케소바(かけそば, 850엔) 중에서 취향대로 선택하면 된다. 200엔을 추가해서 세트로 주문하면 버섯향이 솔솔 풍기는 볶음밥 마이타케고항(舞茸ご飯)이 함께 나온다.

- 시라카와고 버스터미널에서 도보 10분
- 岐阜県大野郡白川村荻町779
- 11:00~16:00(재료 소진 시 종료) / 수요일 휴무
- 0576-96-1508

잇푸쿠 치나
いっぷく ちな

음료수와 간식거리를 먹을 수 있는 미니 카페. 테우치소바도코로 노무라 바로 앞에 있어 식사를 하고 잠시 쉬어가기 좋다. 특히, 날씨기 좋을 때 야외에 있는 나무탁자나 툇마루에 걸터앉아 갓쇼즈쿠리 저택이 늘어서 있는 멋진 풍경을 보면서 먹는 후식은 그야말로 꿀맛. 다양한 메뉴가 있지만, 겨울에는 따뜻한 커피, 여름에는 달콤한 소프트 아이스크림이나 명물 스노우콘을 추천한다. 스노우콘은 얼핏 보면 불량식품 같은데, 한 번 먹으면 머리가 띵해질 때까지 흡입하게 되는 맛이다. 대부분의 메뉴가 300~500엔으로 가격 부담이 없다는 것도 매력적.

시라카와고 버스터미널에서 도보 11분
岐阜県大野郡白川村荻町722
11:00~16:00 / 부정기 휴무
0576-96-1521

오쇼쿠지도코로 케야키
お食事処けやき

정갈한 일본식 정찬과 돈부리, 소바, 우동 등 다양한 종류의 메뉴가 있는 대중음식점. 가게가 넓고 메뉴가 많아서, 여럿이 함께 여행할 때나 메뉴 결정을 못하고 망설일 때 가면 좋다. 인기 메뉴는 히다규 미소야키정식(飛騨牛味噌焼き定食, 1620엔). 깔끔하고 맛있는 반찬과 장국, 미소 양념이 들어간 히다규 구이를 함께 맛볼 수 있는 뛰어난 가성비의 정식이다. 다른 정식 메뉴나 소바, 우동도 모두 기본 이상의 맛으로 현지인들의 평가가 높은 곳.

시라카와고 버스터미널에서 도보 5분
岐阜県大野郡白川村荻町305-1
09:30~15:00 / 부정기 휴무
050-5589-6106

온천 애호가가 즐겨 찾는 곳

야마나카 온천 山中温泉

1300년의 오랜 역사를 자랑하는 호쿠리쿠 지방의 대표 온천. 우리나라에는 거의 알려져 있지 않지만, 아름다운 산자락에 맑은 계곡물이 흐르는 천혜의 자연환경에 둘러싸여 있어 예부터 작가와 시인을 비롯한 많은 온천 애호가들이 방문하고 있는 곳이다. 규모가 크지는 않지만, 한적하고 차분한 분위기라 여유롭게 산책을 즐길 수 있다.

HOW TO GO

가나자와에서 야마나카 온천까지는 JR 열차와 온천행 버스를 이용해서 갈 수 있다. 먼저 JR 가나자와역에서 특급열차 또는 일반열차를 이용해서 카가온센역까지 간다. 특급열차는 약 30분이 소요되고 요금은 2230엔, 일반열차는 약 50분이 소요되고 요금은 760엔이다. 특급열차는 1시간에 2대, 일반열차는 1시간에 1대꼴로 운행하는데, 특급열차와 일반열차의 요금 차이가 제법 많이 나기 때문에 가능하면 미리 시각표를 확인한 후 일반열차를 타도록 하자.

카가온센역에 내려 서쪽 출구로 나가면 버스정류장이 바로 보이는데, 야마나카 온천행 버스는 2번 정류장에서 타면 된다. 야마나카 온천 버스터미널까지 약 30분이 소요되고 요금은 420엔이다.

JR 열차 시각표 www.jr-odekake.net
야마나카 온천행 버스 시각표 www.tabimati.net/rosen_bus_new

① 티켓 자동판매기는 한글화 작업이 잘 되어 있어 편하게 구입할 수 있다.
② 열차 시간과 승장강 번호는 개찰구 바로 위에 있는 시각표를 확인하면 된다. 카가온센역은 후쿠이(福井) 방면 열차를 이용하면 된다.
③ 야마나카 온천행 버스, 1시간에 1대꼴로 운행하고 있어 시각표를 미리 확인해야 시간을 낭비하지 않는다.

HOW TO TRAVEL

카가온센역에 내리면 먼저 역 구내에 있는 관광정보센터에 가서 야마나카 온천 관광지도와 온천행 버스 시각표를 얻도록 하자. 산속이라 가끔 구글맵이 열리지 않는 경우가 있으므로 지도가 있으면 큰 도움이 된다. 버스를 타고 야마나카 온천 버스터미널에 도착하면 야마나카 온천 최고의 명소인 카쿠센케이 산책로(鶴仙溪遊歩道)부터 둘러보자. 산책로의 출발 지점인 쿠로타니바시가 도보 3분 거리에 있어 찾아가기도 쉽다. 중간 지점인 아야토리하시까지는 약 600m, 도착 지점인 코오로기바시까지는 약 1300m로 코스가 길지 않기 때문에 여유 있게 걸어도 1시간이면 충분하다. 산책을 마친 후에는 아야토리하시를 건너 마을 중심부에 있는 야마나카자로 출발. 점심을 먹고 카가온센역행 버스 시간을 확인한 후 주변 거리를 둘러보며 시간을 보내거나 키쿠노유(菊の湯)에서 온천욕을 즐기면 알찬 반나절 여행 코스가 완성된다.

카가온센역 관광정보센터   야마나카 온천 버스터미널

DAY PLUS

야마나카 온천 인기 명소 둘러보기

① ② ③

카쿠센케이 산책로
鶴仙溪遊歩道

야마나카 온천의 대표적인 명소인 카쿠센케이 산책로는 깊고 푸른 계곡, 바위와 폭포 등 사계절의 자연미를 만끽할 수 있는 곳이다. 에도시대의 유명한 하이쿠(俳句) 작가 마츠오 바쇼(松尾芭蕉)가 카쿠센케이의 절경에 심취하여 "여행의 즐거움이 여기에 있다."며 칭찬을 아끼지 않은 곳이기도 하다. 쿠로타니바시(黒谷橋)에서 아야토리하시(あやとりはし), 코오로기바시(こおろぎ橋)로 연결되는 계류를 따라가는 산책로는 총 1300m. 걸음을 뗄 때마다 달라지는 풍경, 상쾌하게 귓전을 때리는 계곡 물소리, 폭신폭신하고 촉촉한 흙바닥. 카쿠센케이 산책로는 그야말로 힐링여행의 끝판왕이다.

- 야마나카 온천 버스터미널에서 도보 3분. 쿠로타니바시 기준
- 石川県加賀市山中温泉下谷町
- 0761-78-0330(야마나카 온천 관광협회)

① 중후한 아치 형태의 석교 쿠로타니바시
② S자로 휘어진 독특한 모양의 철교 아야토리하시. 다리 위에서 바라보는 풍경이 아름답다.
③ 일본의 정서가 물씬 풍기는 목교 코오로기바시

야마나카자
山中座

2002년, 야마나카 온천의 유모토(湯元, 온천의 근원지)에 오픈한 전통 문화시설. 옻칠을 한 기둥과 격자 문양의 벽면 등 이시카와현의 전통공예로 유명한 산중칠기의 정수를 모은 격조 높은 구조가 특징이다. 관내에는 전통 악기와 공예품을 전시하는 공간과 전통춤과 노래 공연을 하는 무대가 있어 문화관광 시설로서의 면모를 갖추고 있다. 야마나카자 앞 광장에 있는 아늑한 아시유(足湯)와 명물 카라쿠리 시계는 온천을 찾는 사람들의 대표 촬영 스폿.

- 야마나카 온천 버스터미널에서 도보 7분
- 石川県加賀市山中温泉薬師町ム1
- 08:30~22:00
- 0761-78-5523

키쿠노유
菊の湯

야마나카자 바로 옆에 있는 온천시설. 당일치기 온천 여행을 하는 여행자라면 마지막 코스로 꼭 들러야 하는 곳이다. 남탕은 야마나카자 광장 끝자락에 있고, 여탕은 야마나카자 건물과 붙어 있다. 이처럼 남녀 온천탕이 각각 다른 건물에 있는 것은, 남녀 온천탕을 공용으로 운영하는 일본 온천의 특성상 매우 드문 일이다. 온천수는 칼슘과 나트륨이 많은 황산 염천으로 신경통, 소화기질환, 피부병 등에 효과가 높다. 남탕 앞에서는 온천수로 삶은 명물 키쿠노유타마고(菊の湯たまご, 3개 210엔)를 판매하고 있으니 한 번 맛보도록 하자. 삶는 데 40~60분 정도 걸리므로 온천욕을 하기 전에 주문(남탕 카운터)을 하고 들어가면 시간이 딱 맞는다.

- 야마나카 온천 버스터미널에서 도보 7분
- 石川県加賀市山中温泉薬師町ム1
- 06:45~22:30
- 440엔(자동판매기에서 구입)
- 0761-78-4026

DAY PLUS

야마나카 온천의 **명물 맛집**

카쿠센케이 카와도코
鶴仙溪川床

아름다운 카쿠센케이 계곡 한복판에 자리하고 있는 야외 카페. 평상 6개가 전부이지만, 맑은 계곡물과 녹음이 우거진 숲, 작은 폭포가 어우러진 환상적인 입지 조건 덕분에 카페는 언제나 성황을 이룬다. 특히, 카쿠센케이 산책로 중간에 있는 아야토리하시에서 내려다보는 카와도코의 붉은색 파라솔은 야마나카 온천을 대표하는 풍경으로 여러 매체에 소개되기도 했다. 인기 메뉴는 카와도코 세트(川床セット, 600엔). 달콤한 롤케이크 카와도코롤(川床ロール)과 말차와 단팥죽을 섞은 전통 디저트 레이세이맛차시루코(冷製抹茶しるこ) 중에서 하나를 선택하면 된다. 세트 음료로 카가 특산품인 시원한 보우차(棒茶)가 나온다.

- 야마나카 온천 버스터미널에서 도보 10분
- 石川県加賀市山中温泉東2
- 4~10월 09:30~16:00 / 11~3월, 우천 시, 부정기 휴무
- 0761-78-0330

① 나름 운치 있는 카운터. 주문한 후에 마음에 드는 평상에 자리를 잡으면 가져다준다.
② 평상에서 느긋하게 즐기는 보우차와 롤케이크, 신선놀음이 따로 없다.

히가시야마 보누르
東山ボヌール

카쿠센케이 산책로 초입, 무성한 나무숲 사이로 보이는 오래된 옛 가옥 한 채. 히가시야마 보누르는 최대한 환경을 헤치지 않고 주변 풍경과 자연스럽게 어울리도록 만든 레트로한 감성의 카페다. 재미있는 점은 실내로 들어가면 밖에서 보았던 풍경과 정반대의 현대식 인테리어가 펼쳐진다는 것. 인기 메뉴는 점심시간에만 제공하는 비프스튜라이스 세트(ビーフシチューライスセット, 1500엔). 주말에는 예약이 많기 때문에 가능한 일찍 서둘러야 한다. 케이크, 커피, 홍차 등 카페 메뉴는 2층 초록빛 창가에서 맛볼 수 있는데, 카페 이름 보누르(bonheur)처럼 가만히 앉아만 있어도 행복해진다.

- 야마나카 온천 버스터미널에서 도보 3분
- 石川県加賀市山中温泉東町1丁目ホ19-1
- 09:00~17:00(런치 11:00~14:00) / 목요일 휴무
- 0761-78-3765
- https://higashiyama-bonheur.jimdo.com

초라쿠
長楽

야키교자가 일품인 중화요리 전문점. 온천마을 한가운데에 위치하고 있어 산책을 하다가 출출할 때 들르면 좋다. 대표 메뉴는 야키교자(焼きぎょうざ, 6개 485엔). 만두의 한쪽 면만 구워서 바삭하면서도 부드러운 식감을 함께 느낄 수 있는 절묘한 맛이다. 만두피와 육즙 가득한 만두소의 조화도 일품. 매콤한 게키카라 타이완라멘(激辛台湾ラーメン, 895엔)과 함께 먹으면 더 맛있다.

- 야마나카 온천 버스터미널에서 도보 5분
- 石川県加賀市山中温泉湯の本町ラ21
- 11:30~14:00, 17:00~22:30 / 목요일 휴무
- 0761-78-1087
- www.choraku.net

① 야마나카 온천의 명물 야키교자
② 게키카라 타이완라멘. 격렬하게 매운맛이라는 이름과는 달리 살짝 매콤한 수준이다.

KANAZAWA HOTEL

직접 묵어본 가나자와 추천 호텔

ANA 홀리데이인 가나자와 스카이
ANAホリデイイン金沢スカイ

슈페리어 싱글룸 숙박

모든 방이 고층에 위치해 가나자와 시내 전망을 한 눈에 볼 수 있는 뷰가 멋진 호텔. 리셉션이 16층에 있어 체크인을 할 때부터 감탄사가 절로 나온다. 호텔 이름에 스카이가 붙어 있는 이유를 알 수 있다. 가나자와역에서 조금 멀다는 단점이 있지만, 가나자와 주유버스 정류장이 도보 2분 거리에 있고 리셉션에서 호쿠테츠버스 1일 승차권도 구입할 수 있어 여행을 즐기기에는 부족함이 없다. 또한, 호텔 바로 앞에 가나자와 최대 규모의 재래시장인 오미초 시장이 있고, 쇼핑몰 에무자와는 호텔에서 바로 연결되어 언제든 편하게 쇼핑을 즐길 수 있다.

- JR 가나자와역 동쪽 출구에서 도보 12분
- 石川県金沢市武蔵町15-1
- 체크인 14:00, 체크아웃 11:00
- 076-233-2233
- www.anaihghotels.co.jp/search/hok/hi-qkwhi

리셉션 창가에는 망원경이 구비되어 있어 재미있게 전망을 즐길 수 있다.

① 룸 컨디션과 매트리스 상태는 수준급. 시트도 깨끗하게 관리한다.
② 데스크에는 열고 닫을 수 있는거울이 있어 화장대와 책상으로 동시 활용이 가능하다.

호텔 트러스티 가나자와 고린보
ホテルトラスティ金沢香林坊

스탠다드 싱글룸 숙박

2013년에 오픈한 감각적인 디자인의 하이클래스 호텔. 가나자와 최고의 번화가인 고린보 한가운데에 자리하고 있어 가나자와성 공원, 21세기 미술관, 겐로쿠엔 등 가나자와의 인기 명소를 모두 도보로 둘러볼 수 있다. 관광호텔로서는 최고의 입지 조건. 객실은 모던하면서도 일본식 감성이 들어간 인테리어로 푸근한 느낌이다. 일반 비즈니스 호텔에 비해 욕실과 실내 공간이 넓은 편인데, 한 가지 아쉬운 점은 책상이 너무 좁다는 것. 침대 상태도 양호하고 객실 관리 또한 깔끔하다.

- 가나자와 주유버스 고린보 정류장에서 도보 1분
- 石川県金沢市香林坊1-2-16
- 체크인 15:00, 체크아웃 11:00
- 076-203-8111
- https://ct.rion.mobi/trusty.kanazawa

카가노유센 도미인 가나자와
加賀の湧泉ドーミイン金沢

이코노미 싱글룸 숙박

JR 가나자와역에서 도보 2분 거리라는 최고의 입지. 주변 도시와 연계해서 여행을 할 때 정말 편하다. 지은 지 오래되어 시설은 좀 떨어지는 편이지만, 관리를 깔끔하게 하고 있어 별로 문제될 것은 없다. 객실 규모는 동급 비즈니스 호텔보다 넓은 편. 싱글룸인데도 침대는 더블사이즈다. 다만, 지나치게 좁은 욕실과 불편한 세면대는 우리나라 여행자라면 적응하기 힘들 것이다. 머무는 내내 14층에 있는 온천을 이용했을 정도. 천연온천이라 물은 정말 좋다. 도미인 가나자와에서는 다른 호텔에서는 볼 수 없는 특별한 서비스가 있다. 1층 로비에서 무료로 미니 라멘을 제공하는 것(21:30~23:00). 깔끔한 쇼유라멘인데 야식으로 먹을 만하다.

- JR 가나자와역 동쪽 출구에서 도보 2분
- 石川県金沢市堀川新町2-25
- 체크인 15:00, 체크아웃 11:00
- 076-263-9888
- www.hotespa.net/hotels/kanazawa

 대부분의 전자 기기에 쓸 수 있는 충전기

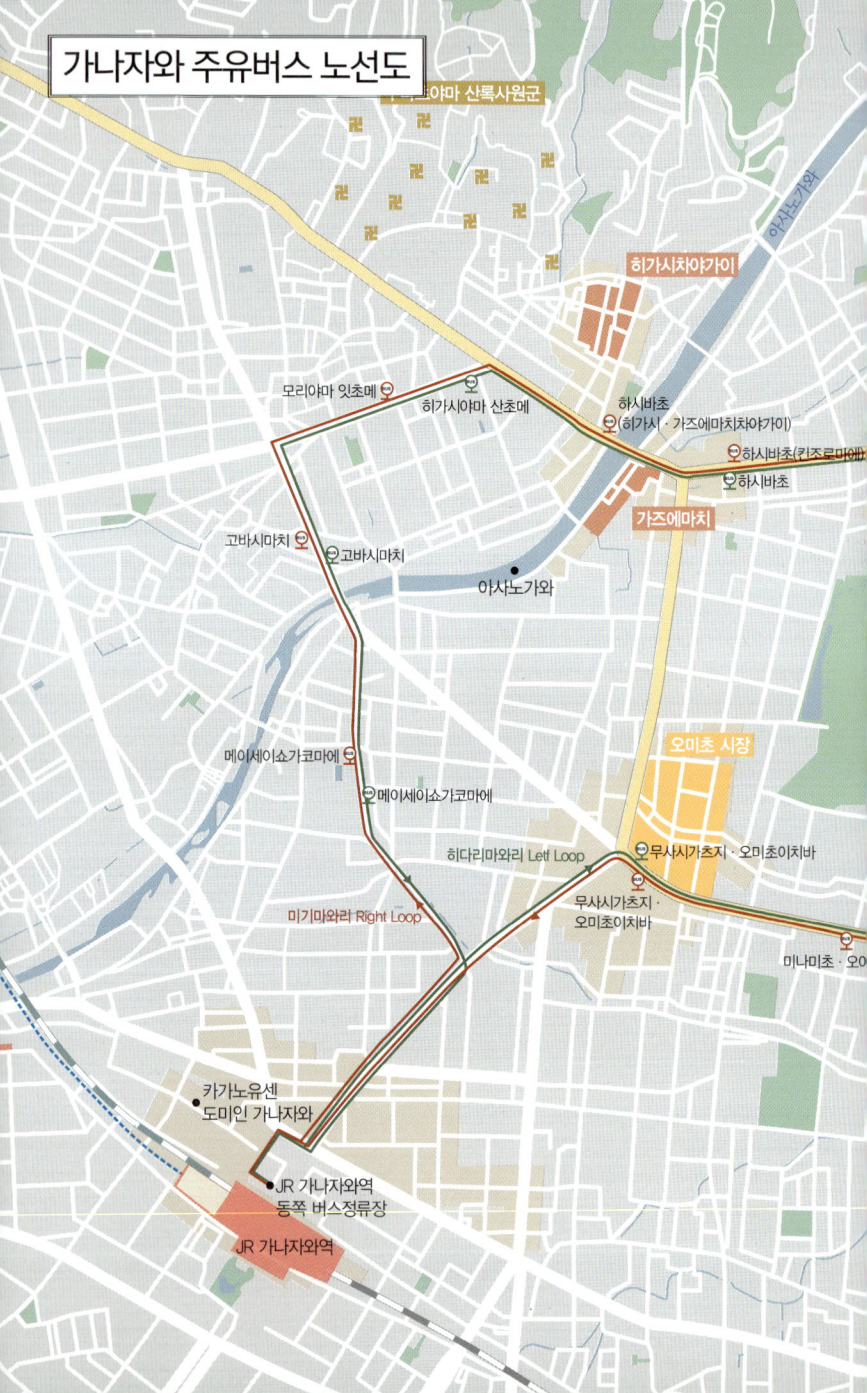

3days in 가나자와

초판 1쇄 2017년 9월 25일

발행인 양원석
본부장 김순미
편집장 고현진
취재·편집 고현진
디자인 RHK 디자인팀 이재원, 이경민
해외저작권 황지현
제작 문태일
영업마케팅 최창규, 김용환, 이영인, 정주호, 양정길, 이선미, 신우섭, 이규진, 김보영, 임도진

펴낸 곳 (주)알에이치코리아
주소 서울시 금천구 가산디지털2로 53 한라시그마밸리 20층
편집 문의 02-6443-8891 **구입 문의** 02-6443-8838
홈페이지 http://rhk.co.kr
등록 2004년 1월 15일 제 2-3726호

ⓒ 2017 알에이치코리아

ISBN 978-89-255-6237-7 (13980)

※ 이 책은 (주)알에이치코리아가 저작권자와의 계약에 따라 발행한 것이므로
  본사의 서면 동의 없이는 어떠한 형태나 수단으로도 이 책의 내용을 이용하지 못합니다.
※ 잘못된 책은 구입하신 서점에서 바꾸어 드립니다.
※ 책값은 뒤표지에 있습니다.